U0063948

穿越中國五千年 **3**

秦 西漢

歪歪兔童書館　著繪

中華教育

前言
讓歷史更鮮活、更可愛一些

張永江

本書審訂人

（國家清史編纂委員會專家，中國人民大學歷史學院教授、博導）

　　作為一個大半生從事歷史研究、歷史教育的專業人員，數十年來，有兩大問題始終縈繞在我心懷：許多人為之竭盡心力的史學有何價值？怎樣才能把紛繁複雜的歷史知識有效傳達給社會公眾，並成為大眾知識的一部分？這也可以説是歷史學者的「終極之問」吧。

　　所謂歷史，就是已經逝去的過往一切。沒有文字之前，人類記憶的保存和傳遞基本上只能依靠口耳相傳。那時，構成歷史的記憶，多半是家族、部落的先輩的經歷、經驗和教訓。有了文字，就有了儲存、傳承歷史記憶的「利器」。歷史記憶，對於家族、部落乃至民族和國家都極為重要，是凝聚認同感的主要依託。對於個人，歷史也同樣重要，往往表現為潛意識下的集體認同情感和外在的生命智慧，滋養豐富着個體的精神世界。毫不誇張地説，古往今來，凡是卓然超羣的偉大民族和深謀遠慮的傑出人物，無一不吸收並受益於豐厚的歷史經驗的滋養。

　　在古典時代，華夏中國數千年的文明綿續不斷，累積了獨一無二的

豐厚的歷史記錄，皇皇巨著「二十四史」就是中國作為史學大國的明證。我們不光擁有三千年連續不斷的歷史記載，擁有浩如煙海的史學著述，還形成了堪稱發達的史學文化。「以史為鑒」、「秉筆直書」等等，都是中華民族史學之樹長青的精神養料。當然，中國史學發展到近代，也存在着一個重大缺陷，就是百多年前梁啟超指出的傳統史學缺乏「國民性」，都是以帝王將相為中心的歷史。為此，他呼籲「史學革命」，為創建「新史學」不遺餘力。實際上，舊史學除了記錄內容有「帝王中心」的問題外，還存在「形式」過於「莊嚴」，脫離廣大民眾、高高在上的問題。

近代以來，隨着近代化浪潮的影響，中國的文化轉型為各領域帶來了變化。史學也開始由統治階級主要用於「資治」的「高大上」功能而定位於「廟堂」之上，逐漸放低「姿態」，全面容納社會生活；體裁上以西方史學為藍本的章節體史書，搭配淺顯易懂的白話文敍述，使社會公眾對史學有了更多的親切感。關心史學的人士也由過去狹窄的士大夫精英階層擴大到一般的知識界，並經由中學教科書體系連接到未成年人世界。這種改變當然是可貴的，但還遠遠不夠。歷史的普及教育仍然有一個門檻，那就是必須具備了中學以上學歷或識字水平才能進入歷史世界。這看似不算高的門檻，事實上將億萬兒童擋在了歷史殿堂之外。

現在面臨的一個重要的問題是，如何讓靜態的歷史鮮活起來，化繁為簡，讓「莊嚴可敬」的歷史更接地氣，趣味橫生？

前人已經付出了很多努力來探索這種可能性。早在清代，就已出現了通俗性的歷史讀本《綱鑒易知錄》。學富五車的梁啟超、胡適都是通

過這部書來啟蒙史學的。歷代都有人通過小說、戲曲、詩詞等藝術形式表現歷史，影響較大的如《三國演義》、《說唐傳》。近數十年，由專業學者編寫的普及性的歷史讀物覆蓋了歷史上的重大事件、人物傳記，人們創作了大量的連環畫來展現歷史，歷史題材的小說如《少年天子》、《雍正皇帝》，影視中的清宮戲，電視節目中的《百家講壇》等，更是令人目不暇接。但是，藝術表現的歷史，並非都是真實的歷史，歪曲、誇大、臆造、戲說的「歷史」所在多有。新形式不僅沒有幫助兒童獲取正確的歷史知識，兒童讀者反而因為缺乏鑒別能力而有可能被誤導。系統地、準確地、正確地向廣大社會公眾傳達真實的歷史知識，仍有待專業的歷史研究者努力。

史學知識普及的難點在於，難以兼顧通俗性與嚴肅性。通俗性要求讀者喜聞樂見，情節生動有趣。但傳統史學本身關注的內容毫無趣味，研究更需要嚴謹細緻，過程枯燥乏味。於是就出現了兩個極端：專業研究者謹慎嚴格，研究結果只在「圈內人」中傳播；社會公眾中的史學愛好者興趣盎然，對資料卻真偽不辨，良莠不分，傳播的只能是戲說的「歷史」。歷史產品的「出品方」雅俗分離，兩者漸行漸遠，普羅大眾更多接受的是後者。

可喜的是，近年來這種困境有了新的突破，就是專業史學研究者與業餘歷史愛好者雙方在編輯、出版者的撮合下走到一起，分工合作，面向廣大兒童、青少年推出了新型故事。首先試水的是「漫畫體」的歷史故事，以對話方式推進故事，受到學齡前後兒童和家長的喜愛，在市場上大獲成功。新文本雖然形式活潑，但內容也經專家審定，並無虛構。

歪歪兔的這套《穿越中國五千年》，可以看作是「漫畫體」的升級版，面向的是中小學階段的讀者。全書分十冊，涵蓋了從遠古到清代的漫長時期，按階段劃分成卷，完全符合歷史發展順序，可以視作「故事體」的「少年版中國通史」。敍事上，避免了以往歷史讀物常見的簡化版枯燥的「宏大敍事」問題，而是每冊選取三十個左右的歷史故事，通俗形象地展示這一時期的歷史概貌。

　　作為本書的審訂人，我認為這套書有以下特色和優點：

所採擷的歷史故事真實、經典，覆蓋面廣，屬大眾喜聞樂見、耳熟能詳者。

　　本書由具有深厚史學功底的歷史學者、知名歷史類暢銷書作家合力撰寫，故事根據《左傳》、《戰國策》、《史記》、《漢書》、《資治通鑒》等歷史典籍編寫，參考最新的權威考古研究報告，以適合小讀者的語言進行講述，生動有趣地還原真實的歷史事件，讓歷史更加鮮活。每篇故事中的生僻字都有注音，古代地名標明現今位置，生僻官職名稱、物品名稱也有相關解釋，掃除了閱讀障礙。

編排設計合理，強調對歷史線的梳理，簡要勾勒出一部中國歷史大觀。故事之間彼此呼應，有內在的邏輯關係。

　　本書精選的二百七十個歷史故事，基本涵蓋了中國歷史發展過程中重要的時間點和歷史大事件。小讀者通過這套書，可以清楚地了解到從

距今約七十萬年的周口店北京人到 1912 年清朝滅亡期間王朝的興衰和歷史發展過程。

💡 **內容豐富，知識欄目多，便於小讀者在學習歷史的同時，豐富文化知識，開拓視野。**

每一篇除故事主體外，還大致包含以下欄目內容：

好玩的副標題，激發小讀者的閱讀興趣。

知識加油站，選取與歷史故事相關聯的知識點，從文化、文學、科學、制度、民俗、經濟、軍事等角度，擴展小讀者的知識面，讓他們了解生活中方方面面的事物都是隨着歷史進程而發展、發明出來的，在增加歷史文化知識的同時，更直觀地理解古人的智慧和歷史的發展規律。

當時的世界，將中國歷史與世界歷史同時期的事件進行對比展示，開闊孩子的視野，培養孩子的全局觀。

💡 **文風活潑生動，圖文並茂，可讀性強。結合中小學生的實際生活，運用比喻、類比、聯想等手法敘事，幫助小讀者真正從歷史中獲得對實際生活的助益。**

時代在進步，文化也在按照自己的邏輯演進。新的世代有幸生活在「全球一體化」的文化交融時代，他們能夠並正在創造出超越前人的新

文化。歷史的海洋足夠廣闊深邃，充分擷取其滋養，豐富個人精神，增進民族智慧，是我們每一個歷史學者的志願！

2021 年 8 月 15 日於京城博望齋

目錄

穿越指南 ▐▐▐▶ 秦朝

穿越到秦朝後，你首先要做的，就是一定、一定、一定要去辦一張「身份證」。沒有證件，即便你再有錢，也不會有哪戶人家、哪家客棧敢收留你。因為秦朝的戶籍管理非常嚴格，每一個秦朝人都有類似如今身份證的「符」，沒有符的人很可能會被視為間諜。秦朝還規定，任何人都不可以隨便離開自己的居住地。如果要搬家，必須先到有關部門辦理手續。

辦好了「符」，你就成為一個黔（qián，粵音箝）首（秦朝時期對普通百姓的稱呼）了。為甚麼叫黔首呢？因為秦始皇登基後，對各個等級的國民穿着做了統一的規定，普通百姓往往會把頭髮紮起來，外面裹上黑色的頭巾。黔表示黑，首表示頭，所以叫黔首。

到吃飯時間了，該吃飯了。你在秦朝能吃到甚麼呢？

以主食為例，秦朝人在南方主要吃大米，在北方則主要吃小米，此外還有大豆、麥子。石磨雖然已經發明了，但還不是很普及，把麥子磨成麵粉非常費勁，所以如果你愛吃麵食，到了秦朝可能要委屈一下了。當時蔬菜和水果的種類也比較少，吃肉則基本上只能等到過年或祭祀的時候（當時的豬、牛、羊主要用於祭祀）。不過你倒是可以學一學打獵的技巧，打些野味改善一下伙食。

在秦朝，你能做些甚麼呢？如果你是男生，可以從事農活，每個人都會分到一定數量屬於自己的土地，完全不用擔心沒有地種。如果你

是女生，則可以養養蠶、學學織布，偶爾也可以去田裏做一些簡單的農活。

如果你想找點書看的話，你可能要失望了，因為你能找到的書，基本上都是各種法律條文，學校裏教的也都是這些。當然，如果你學得好，將來有可能當一個小官。

當時沒有報紙，資訊傳播非常不發達，消息來源主要靠道聽途説。突然有一天，城裏回來的小甲告訴大家一個大消息，説一個叫劉季的小子帶兵攻破了咸陽。聽到這個消息，你肯定知道秦朝已經滅亡，而你則要開啟下一場穿越旅程了。

統一中國的秦始皇

歷史上第一位皇帝

大家都聽說過皇帝吧？我們看的很多古裝電視劇裏都有他們的身影。不過，你知道「皇帝」這個稱呼是怎麼來的嗎？

創造「皇帝」稱號的人是秦始皇，他是中國歷史上的第一位皇帝。秦始皇名政，我們習慣叫他嬴政。嬴政剛即位的時候，還處於戰國末期，天下共有七個諸侯國，每個國家都有一個王，嬴政就是秦王。後來他消滅其他六國，統一了天下。這是從來沒有人建立過的功業，嬴政特別得意，覺得自己做出這麼大的事業，再叫王就不夠威風了；再說自己滅掉的六國，國君也都是王，他們怎麼配跟自己一樣？必須改名！他於是召集大臣們開會，要求他們商量出一個新稱號。

大臣們商量了半天，建議用「泰皇」這個稱號——上古那些聖王有天皇、地皇、泰皇這三種稱號，其中泰皇最尊貴。嬴政聽了很不滿意：我做的都是從沒有人做過的事情，哪能用現成的稱呼呢？這也太沒創意了。

不過，「泰皇」這個稱號倒是啟發了他，他順着這個思路想：上古那些聖王有「三皇」也有「五帝」，我比他們加起來都偉大，乾脆，我就三皇加五帝得了！

就這樣，他從三皇裏挑了一個「皇」字，從五帝裏挑了一個「帝」字，湊成「皇帝」這個詞。嬴政自己是第一個皇帝，所以叫始皇帝；他盤算，等自己的兒子當了皇帝，就是二世皇帝；孫子是三世皇帝……這樣一直傳到萬世，沒有窮盡。

這就是「秦始皇」這個稱號的由來。另外，「泰皇」的稱號他也沒浪費，改成「泰上皇」，給了已經去世的父親子楚，後來就演變成了「太上皇」。

秦始皇改名改上了癮，順手把其他很多稱呼也改了。比如他管自己叫「朕」，「朕」這個稱呼之前就有，就是「我」的意思，本來所有人都可以用，現在被他壟斷了。他下達的命令叫「制書」、「詔書」，我們經常在古裝劇裏聽到的「皇帝詔曰」就是這麼來的。

接下來，秦始皇該考慮治理國家了。原先的秦國大概是現在一個省的面積，如今它滅了六國，土地和人口一下擴大了好多倍。這麼大的國家該怎麼治理呢？擺在秦始皇面前的是一道選擇題：

選項一：實行分封制，還跟周朝時一樣，把王族、功臣和貴族封到燕、齊、楚這些偏遠地方當諸侯，讓他們自己治理當地，不管治理得好還是壞，自己一概不管，這是簡單難度。

選項二：實行郡縣制，將整個國家劃分成幾十個郡。郡差不多相當於現在的省；各郡下面又設縣，相當於現在的市。郡縣的長官都由朝廷任命，做甚麼工作都向朝廷和皇帝匯報，做得好提拔，做得差免職，這是困難難度。

秦始皇把這道選擇題交給大臣們討論，不少大臣都選一，覺得分封制就挺好的，可是廷尉李斯選了二。他拿當年周朝當例子，說周武王也分封了好多子弟，可沒過幾代就疏遠了，是親戚又怎麼樣？照樣跟仇人一樣互相打成一團，周天子根本管不了。李斯還建議秦始皇，對那些皇子、功臣們賞賜財物就可以了，千萬別搞分封。

秦始皇覺得李斯的話很有道理，便打定了主意：「從前，天下人都因為連年打仗而受苦，就是因為那些諸侯互相征伐。如今我剛平定天下，要是再設諸侯國，不是重新挑起戰爭嗎？」他決定不再分封，而是把天下分為三十六郡。

郡縣劃分完畢，秦始皇還不放心。六國雖然滅亡，百姓們心理上卻還沒接受秦朝的統治，仍然覺得自己是齊國人、楚國人、趙國人……這是因為不同地區的人們日常生活中的各個細節都不同。

打個比方，假如你之前是秦國人，在關中待膩了，想去其他國家旅遊、見見世面，可你每到一個國家都得先過關卡，讓人家查證件、辦手續，證明自己不是間諜，這就得折騰半天。好不容易入了境，你跟人打聽路，對方嘰哩呱啦說了半天你也聽不懂。你想寫字交流，他寫的字你不認識，你寫的字他也不認識。想住店，你掏出一把圓形方孔銅錢，老闆直搖頭：「對不起，我們只收本國貨幣。」他給你看他們的貨幣，一枚枚都跟小刀一樣。你買兩斤水果，怎麼看都覺得少，自己一稱，足足少了半斤，找老闆理論，他還理直氣壯：「你那是秦國的兩斤，我們國家的兩斤就這麼多，愛買不買！」……

各國的差別這麼大，大家還怎麼愉快地交流？所以，當時每個國家的人看其他國家的人，都像我們現在看外國人一樣。

秦朝建立後，為了讓原來其他六國百姓都覺得自己就是秦國人，秦始皇下令，全國百姓日常生活的各個方面都要統一：貨幣種類太多是吧？全

用秦國的「半兩」錢！度量衡混亂是不是？規定統一的斤兩、尺寸標準，買賣東西再也不會吵架了！文字也不一樣？別的字都別寫了，全去學小篆！他還下令把原先各國各自修的城牆、關卡都拆掉，在全國各地修了許多道路，還要求工匠們製作車輛時遵照統一的標準。這樣一來，各地的百姓們互相來往、打交道比以前方便多了，慢慢就會覺得，大家都是同一個國家的人了。

大家大概會想，忙完這些，秦始皇該好好休息休息了吧？其實，他的工作才剛剛開始呢。

知識加油站 經濟

銅錢都是從秦半兩來的

我們經常看到古裝劇裏會出現圓形方孔的銅錢，它們正是從秦朝的貨幣「半兩」錢演變來的。圓形方孔象徵中國古代天圓地方的宇宙觀。中間的方孔更加可以用來穿繩子，把許多銅錢串在一起。「半兩」二字由李斯書寫，標明銅錢重半兩（12銖）。圓形方孔的設計非常方便實用，此後歷朝歷代的貨幣幾乎都是這種造型。

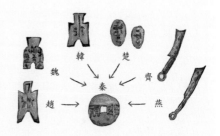

當時的世界

公元前221年，秦王嬴政統一六國。一位叫漢尼拔的將軍成了地中海地區迦太基的最高統帥，並在隨後征服西班牙，準備與羅馬抗爭。

秦始皇出巡

把旅遊變成工作就不好玩了

　　大家肯定都喜歡旅遊，跟着爸爸媽媽出去玩，既可以遊山玩水、欣賞美景，還能吃好吃的、玩好玩的，多爽啊！其實古代的皇帝也喜歡旅遊，隋朝的隋煬帝、清朝的乾隆帝就都去過江南遊玩。可是和他們相比，秦始皇才是真正的「旅遊狂」，秦朝建立後的十二年裏，他有一半時間都在全國各地到處跑，還經常一走就是大半年，就連最後去世也是死在了路上。只不過，他出巡可不是去玩的，而是去工作的。

　　秦朝建立後秦始皇面臨的最大難題，就是怎樣讓廣大百姓接受自己的統治。疆域是統一了，文字、貨幣、度量衡也統一了，可是仍然有很多人敵視自己。秦始皇很不放心，他決定親自去各地巡視一番，好鞏固自己的統治。

　　秦始皇決定去泰山搞一次封禪典禮。這是當時一種重大的儀式。那時人們都相信天上有神靈，「封禪」就是人間的帝王向上天匯報自己的偉大功績，神靈聽得高興了，就會保佑他統治下去。

　　秦始皇率領車隊出了咸陽，浩浩蕩蕩向東來到齊地，也就是如今的山東一帶，登上了泰山。可是這次封禪很不順利，登山途中下起了暴雨，周圍又沒甚麼遮擋，秦始皇只好躲到一棵松樹下避雨。大家上學時肯定聽老師講過，雷雨天不能在樹下避雨，否則會遭雷劈的。可是那時候的人們都還不懂，幸好秦始皇沒出事。雨停了之後，秦始皇覺得這棵松樹擋雨有功，封了它一個「五大夫」的爵位。

　　泰山封禪之後，秦始皇繼續向東來到海邊，登上了琅琊（láng yé，粵音狼爺）山（今山東省膠南縣南），非常開心。他在這裏住了三個月，

遷來三萬戶百姓，還在這裏修建了一座琅琊台。當時一個叫徐福的方士（古時從事求仙、煉丹等活動的人）向他上書，説大海中有三座仙山：蓬萊、方丈、瀛洲，上面住着仙人，他們手中有長生不死藥。秦始皇聽得動了心，就派他帶領着許多童男童女出海求仙。長生不死藥當然沒有，徐福倒是歪打正着，在海上發現了一座大島，正是如今的日本。相傳徐福索性就沒回中原，而是在這島上定居了下來。

經過原來楚國邊境時，秦始皇聽説周朝的九鼎有一個落在了泗水（今江蘇省徐州市）裏，便想把它打撈上來，這樣也能證明自己有上天的保佑。他派出上千人下到水裏撈鼎，大家像下餃子那樣「撲通、撲通」跳下水，可是撈了半天也沒見到鼎的一點蹤跡，秦始皇只好繼續上路了。

路過洞庭湖一帶，他們又遇上了大風浪，船隊沒法駛到對岸。秦始皇很生氣，他聽説當地信奉的是湘君神，覺得是這神靈故意和自己作對，就派出三千名刑徒（服役的罪犯），砍光了附近湘山上的樹，好像給湘君神剃了個光頭，用這種方式來懲罰他。大家是不是覺得，秦始皇這種做法也太可笑了吧？可他自己倒覺得挺消氣，把湘山上的樹砍光之後，這才心滿意足地回到咸陽。

後來秦始皇又有幾次出巡，去的都是原來關東六國的土地。他每到一個地方就立一塊石碑，在上面寫滿自己的功勞，好給天下人看。他覺得這樣不斷宣傳自己，把自己吹得神通廣大、無所不能，百姓就不敢再反抗了。可現實很快就教訓了他。

大家之前讀到過荊軻刺秦王的故事，那是在統一之前。統一之後，秦始皇也遭遇過行刺，這位刺客也很有名，正是後來劉邦的謀士——張良。他原來是韓國的一位貴公子，非常痛恨秦始皇，於是預先打聽好秦始皇出巡的路線，又招募了一位大力士，打造了一隻大鐵椎，兩人一起埋伏在一個叫博浪沙的地方。看着秦始皇的車隊越來越近，張良一聲令下，大力士像奧運會上運動員擲鏈球那樣，揮起鐵椎原地轉了幾圈，一把丟出鐵椎，想砸死秦始皇。沒想到他沒瞄準，鐵椎丟歪了，「咚」地砸中後面的車輛，把車中的幾名隨從砸成了肉餅，張良和大力士趕緊逃跑了。

秦始皇雖然沒被砸到，但是也被嚇得不輕，心裏非常生氣。他生氣的

不光是張良想殺自己，更關鍵的是他發現，自己搞封禪、立石碑，這些全沒用，之前六國的百姓還是在反抗。

後來，秦始皇聽說江南地區的百姓都在流傳一句話：東南有天子氣，又得知當地楚人對秦朝的統治最為不滿，於是又去了那裏。他派出刑徒，鑿穿了當地的很多大山，故意把平坦的大道改成彎彎曲曲的小路。他還給一些城邑改了名字，比如今天的南京，秦朝時叫金陵，本來是個好名字，秦始皇卻下令把它改成「秣（mò，粵音 mut3）陵」，「秣」是牛馬吃的飼料，相當於說這裏是養牲畜的地方。另一座叫谷陽的城邑被改成了「丹徒」，意思是穿着紅色衣服的刑徒。

這些措施當然不會起作用。秦始皇去世之後，天下很快陷入動盪，之前六國的百姓紛紛起兵，其中有名的幾個反秦者——陳勝、項羽、劉邦，恰好都是楚人。

知識加油站 文化

琅琊刻石

公元前 219 年，秦始皇第二次巡遊，登上琅琊山瀏覽，並修建了琅琊台，刻石頌揚自己統一全國的功績。刻石書體為秦篆，傳為隨行廷尉李斯所寫。《史記·秦始皇本紀》中有刻辭全文。此刻石本在山崖上，清代被人鑿下保存，已成秦刻石存世的稀世珍品，是了解秦代統一事業的重要文獻。

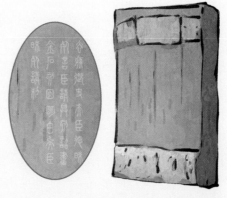

▲去疾，御史大夫臣德，昧死言：臣請具刻詔書金石刻。因明白矣。臣昧死請制。

秦始皇修長城

把長城連起來

說起長城，大家肯定都知道，它好像一條在山坡上蜿蜒起伏的長龍，我們的國歌中就有一句「把我們的血肉築成我們新的長城」。可你知不知道，為甚麼長城在中國人心目中的地位這麼重要？

這得從戰國時期中原人的一個老對手——匈奴人說起。他們在中原以北的地方生活，經常騷擾秦國等北方的諸侯國，讓中原人很頭疼：派大軍圍剿吧，這些匈奴人都騎馬，只要一望見中原人的軍隊，立刻撒腿就跑，逃得比兔子都快，中原人很難追得上；等中原人的大軍一撤回去，他們馬上又捲土重來，繼續燒殺搶掠。秦、趙、燕這些諸侯國只好在邊境修起城牆，一修就是好幾百里，從而阻止匈奴人南下。這就是早期的長城。

當時天下還沒有統一，所以秦、趙、燕都是各修各的長城。秦朝統一之後，秦始皇覺得再這樣下去可不行，不管秦國、趙國還是燕國，現在都是大秦帝國了，不能任由匈奴人來騷擾，必須把他們徹底趕出中原。

他把幾十萬大軍調到北方的邊疆，讓自己最信任的大將蒙恬來統領。蒙恬沒有讓秦始皇失望，他率領着秦軍把匈奴人痛扁了一頓，打得他們抱頭鼠竄（cuàn，粵音寸），史書上形容說，好像老鷹趕走一羣麻雀那樣輕鬆。秦軍還奪得了陰山周圍一大片富饒的土地，後來就把這裏當成基地，長期駐紮下來。

雖説打了個大勝仗，
秦始皇還是不放心。他知
道，匈奴人的生命力相當頑
強，沒過幾年就又能強大起
來，早晚會捲土重來。怎麼
才能更好地保衛秦朝的領土
呢？這時候，秦始皇想起
秦、趙、燕三國都各自修了
長城，於是冒出一個想法：
把三國的長城都連在一起，
不就能把匈奴人擋在外面
了嗎？

　　秦始皇一聲令下，蒙
恬率領着軍民開始了這個大工
程。經過多年的勞動，他們終於
把原來的城牆連到一起，又在北
面、東面沿着趙、燕的舊長城各加
長了一部分，最西邊到隴西的臨
洮（今甘肅省岷縣），最東邊到
遼東，總長度在一萬里以上。
這就是最初的萬里長城。

這樣一來，匈奴人就很難進入中原了。前面說過，匈奴人最大的優勢是騎着馬，速度特別快，可眼下有長城擋在前面，他們想要進入中原，只能下馬改成步行，最大的優勢就沒了。就算他們來到中原一通燒殺搶掠，等到想要回草原的時候，還得再翻一遍長城。有那個工夫，秦軍早就趕過來圍剿了。正因為這樣，長城修好之後，匈奴人對中原的騷擾大大減少，後來的許多中原王朝都選擇繼續修建它。

除了北方的匈奴，秦始皇還把目光投向了南方，也就是如今的福建、廣東、廣西一帶。那裏活躍着大大小小的部落，合稱「百越人」。秦始皇覺得要是放任不管，百越人早晚會強大起來，對秦朝也是個威脅，乾脆先下手為強，把這片土地征服了算了。

在秦始皇的命令下，秦軍兵分幾路南下。起初戰鬥很順利，百越人裝備很差，被秦軍打得大敗，連首領譯吁宋都戰死了。後來，百越人紛紛逃進森林裏，打起了游擊戰。南方氣候潮濕炎熱，秦軍大部分都是北方人，很不適應，不少人都病倒了。更要命的是，當時嶺南很多地方都是原始森林，糧草很難運到秦軍手上。這回秦軍開始吃力了，吃不飽、睡不好，稍不小心就會遭到百越人的偷襲，領軍的大將也陣亡了。

為了解決軍需供應問題，秦始皇命令一個軍官在當地修建運河，歷時五年終於修成。秦軍的運糧船從中原出發，進入長江、湘江，再經過運河進入漓江，給征南秦軍運來了糧草。這條運河後來被稱為靈渠，位於今天的廣西省桂林市。

糧草運來了，秦軍將士這回都吃飽了飯，有了力氣，一個個都振作起精神，再也不怕百越人的偷襲了。靈渠修好才一年，他們就佔領了整個嶺南，征服了所有百越部族。

秦長城其實是土長城

大家肯定知道北京的八達嶺長城、慕田峪長城，它們都是磚頭砌成的，可那是明朝的長城，秦代的長城其實是用黃土砌成的。工匠們用木板圍成一個長方形，把黃土倒進去，然後用錘子反覆敲，直到把黃土敲得結實，一段城牆就修好了，這種技術叫夯（hāng，粤音坑）築。當時人們蓋房也好，蓋宮殿也好，修城牆也好，基本都是用這種辦法。

當時的世界

公元前214年，大將軍蒙恬驅逐匈奴。馬其頓國王腓力五世趁羅馬與迦太基人作戰時，出兵攻打羅馬，想將羅馬軍隊趕出意大利。

焚書坑儒

皇帝其實被坑了 · · · · · · · · · · · · · ·

　　我們前面講到，秦始皇統一了全國，成為中國歷史上第一位皇帝，按說也該歇歇了，可他偏不。他的野心越來越大，想做的事也越來越多，非得親眼看着自己建成一個空前絕後的偉大帝國才行。那些年，他派兵打匈奴、打百越、修長城，還在咸陽周圍建了許多宮殿，在各地修了很多路、挖了很多水渠，又在驪（lí，粵音璃）山（今陝西省西安市）為自己修了壯觀的陵墓。全天下都變成了一片大工地，沒一處不在施工。

　　這下可苦了百姓。他們要麼去打仗，要麼被抓去施工，不是犧牲在戰場上，就是累死在工地上，一年到頭都不能喘口氣，比學生每天做作業做到半夜還累。百姓們本來以為統一了就不會再有戰爭了，終於可以安居樂業了，沒想到還是這麼辛苦，越來越多的人對朝廷有了不滿。「焚書」事件就是在這種情況下發生的。

有一天，咸陽宮舉行宴會，大臣周青臣向秦始皇敬酒，又拍了一通馬屁：「從前秦國土地只有千里，因為陛下的聖明才統一了天下，您的功業沒人比得上。」秦始皇聽了挺開心。可這時候，一個叫淳于越的大臣卻唱起了反調：「商朝和周朝統治了上千年，靠的就是分封子弟和功臣們。如今整個天下都是陛下您的，可您的孩子們都是平民，萬一朝廷裏有了想篡位的奸臣，誰來救援？但凡不學習古人，卻還能統治長久的，從來沒有過。」

前面說過，秦朝剛建立的時候，朝廷就討論過是實行分封制還是郡縣制，最後決定不實行分封制，要實行郡縣制。如今都過去好些年了，淳于越卻又提起分封制，說郡縣制這不好那不好，而且話還說得挺難聽。

淳于越一説完，丞相李斯就堅決反對：之前夏、商、周那些朝代，其實每一代的制度都不一樣，但都各自治理好了，為甚麼？因為每個朝代面臨的形勢都不一樣，治理方式也不可能一樣。現在也是如此，秦朝的統一和以前不一樣了，分封制以前適用，而現在不適用了。但儒生們卻理解不了。

李斯説這話也是有原因的。這些年，百姓對朝廷越來越不滿，一些之前六國的貴族趁機利用這種不滿到處煽動，還有很多儒生喜歡批評朝政，經常從史書上、諸子百家説過的話裏引經據典，説朝廷做的這也不對那也不對。這幫儒生很多都是老學究，挺有威望，人們都很信任他們，所以搞得人心惶惶。

李斯覺得，要是任憑儒生們繼續想説甚麼就説甚麼，會是個很大的威脅，所以他建議秦始皇：儒生們不是喜歡整天翻書，從裏邊引用各種名人名言嗎？我們得想辦法別讓他們引用，可以把秦國以外的各國史書都燒掉，禁止私藏《詩》、《書》和諸子百家的著作。膽敢引用這些書裏的話來批評朝政的，都要被處刑。

秦始皇也早就意識到了這個問題，淳于越的發言就很能代表儒生們的心理，李斯的建議正合他的心意，於是就同意了。很快，天下各郡縣都收繳起藏書，到處都是燒竹簡的熊熊火焰。

書燒了，百姓們也不敢公開抱怨了，有話只能憋在心裏。偏偏過了一年，又出了一檔子事。

前面説過，秦始皇特別想長生不老，派出過不少方士去求仙，其中有兩個叫盧生、侯生的騙子，他們靠着花言巧語，從秦始皇那裏騙了好多錢，可他們心裏也很清楚，世上根本就沒有不死仙藥，自己早晚要露餡，到時候秦始皇絕對饒不了自己。於是有一天，兩人乾脆腳底抹油，逃掉了！秦始皇十分憤怒：自己那麼信方士們，給了他們那麼多的錢財和人手，甚麼都聽他們的，鬧了半天他們一直在騙自己！他馬上派御史去調查盧生、侯生的同夥，還查出了很多非議秦始皇焚書的儒生，總共有四百六十多人。

人都抓起來了，怎麼處置呢？秦始皇打算把他們全都處死，但他的長

子扶蘇很善良，勸他說：「如今天下還沒安定，處死這些方士儒生可能讓百姓們更擔心。」秦始皇沒想到連兒子都反對自己，一氣之下，索性把扶蘇趕出咸陽，讓他去北疆參軍，當蒙恬的手下，然後到底還是處死了方士和儒生。這就是「坑儒」事件。

秦始皇焚書和坑儒，本意都是為了鞏固自己的統治，可是反而進一步激起了大家的反抗心理。大家可以想像一下，假如有一個人逼着你一天到晚給他工作，還不許抱怨，要是敢抱怨就得挨打，你會怎麼看他？秦始皇做的就是這種事。所以後來，很多人都把焚書坑儒當成他的一大罪狀。

知識加油站（制度）

坑儒不是活埋

很多人以為，秦始皇坑儒是把儒生們活埋。其實「坑殺」是當時的一種刑罰，是把人殺死後就地掩埋，不許收屍。「長平之戰」秦軍對待趙軍降兵，後來項羽對待秦軍降兵，也都是用「坑殺」。

當時的世界

公元前212年，秦始皇坑儒。古羅馬軍隊在攻陷西西里島上的最大城市敘拉古後，在城中大肆燒殺搶掠，很多哲學家、科學家不幸遇難，其中就包括著名的物理學家、數學家阿基米德。

沙丘宮變

史上最有「味道」的死法

　　在前面的故事裏，我們已經對秦始皇有了一些了解，他做過的許多事，不論好壞，都驚天動地，甚至一直影響到現在。可是，秦始皇的結局卻並不好。

　　焚書、坑儒過後，秦始皇的心情越來越壞，身體也越來越差。各地百姓的抱怨和反抗，讓他越來越擔心秦朝的將來，他決定再來一次巡遊，重新讓全天下見識自己的威嚴。可這時秦始皇並不知道，自己的生命已經進入了倒數階段。

　　這次出巡，前面都很順利，快要返程的時候，秦始皇卻生了重病。他昏昏沉沉地躺在床上，預感自己活不了多久了，臨終前只剩最後一個願望：讓長子扶蘇當二世皇帝。可扶蘇早被他趕出了咸陽，這時還在上郡（今陝西省延安市）。秦始皇只好勉強支撐着給扶蘇寫了一封詔書，讓他到咸陽操辦自己的葬禮，然後繼位為二世皇帝。結果詔書還沒來得及送出去，秦始皇就在路過沙丘宮（今河北省廣宗縣）時去世了。

　　秦始皇一死，大權就落到了丞相李斯的手裏。他擔心這時候公佈死訊，咸陽會發生動亂，於是決定祕不發喪，對外裝出秦始皇還活着的樣子。他讓秦始皇的屍體繼續躺在車裏，每天照常安排手下送飯送水，裝模作樣將大臣們奏報的國家大事讓死掉的秦始皇批示。

　　可是紙終究包不住火。當時正是夏天，天氣很熱，秦始皇的屍體很快就有了臭味，更招來了不少蒼蠅。車隊裏那些隨從、士兵個個都被熏得又流眼淚又嘔吐，沿途圍觀的百姓們也都捏着鼻子皺着眉頭，大家既驚訝又害怕，私下裏議論紛紛。

　　李斯一看這可不行，他雖然沒辦法消除這股臭味，卻想了個更狠的法子：以臭攻臭，故意向沿途的郡縣徵集了許多醃鹹魚。這樣一來，他們對外就有話説了，那臭味都是醃鹹魚的味道。外人最多心裏納悶：皇帝口味怎麼這麼重，居然愛吃臭魚？卻不會想到皇帝已經死了。

　　這時候，另一個人又動起了歪心思。這個人叫趙高，是負責掌管秦始皇玉璽、公文的宦官，秦始皇臨終前的最後那道詔書就在他手上，還沒寄出去。趙高還有一個學生，也就是秦始皇最小的兒子胡亥，秦始皇很寵他，這次出巡也把他帶在身邊。

　　趙高看看胡亥，冒出了一個鬼主意：要是篡改那封詔書，改立胡亥為皇帝，自己就能獨攬大權了。可是這個陰謀要想得逞，必須有丞相李斯的支持，於是趙高悄悄去找李斯商量。

李斯也不傻，一聽趙高的打算，馬上就拒絕了。篡改詔書可是滅族的大罪，他和趙高就是有一百個腦袋也不夠砍的。趙高死就死了，自己的命可寶貴着呢。再說他也知道胡亥的斤兩，那就是個「熊孩子」，平時既不好好學習，又不聽大人的話，就知道吃喝玩樂、淘氣搗蛋。真讓他當皇帝，就好像讓全校最差的學生當校長一樣，簡直是個天大的笑話。

　　趙高也猜到李斯不會一口答應，他早有準備，給李斯分析起形勢來：要是扶蘇當上皇帝，肯定會任命蒙恬當丞相，那時候新朝廷就沒您甚麼事了，您只能退休回家了；再說秦朝之前的幾任丞相，沒一任有好下場，最後都被問了罪，搞不好您退休都退不了。

　　這下，李斯動搖了。他早年是楚國上蔡的一個小吏，來到秦國後得到秦始皇的賞識，才一步步爬到現在一人之下、萬人之上的位置。在李斯心裏，最重要的就是權勢富貴，他最怕的也是失去權勢，更怕自己像前任丞相呂不韋那樣被問罪。

　　糾結了好久，李斯終於下決心與趙高、胡亥串通一氣。他們合夥篡改了秦始皇的詔書，把內容改成立胡亥為太子；還模仿秦始皇的筆跡，偽造了一封賜死扶蘇、蒙恬的詔書。兩份詔書都蓋上了秦始皇的印璽，然後他們派出使者，把第二封詔書送到上郡。

　　使者來到上郡，公開宣讀了詔書：「扶蘇與蒙恬統領大軍十餘年，卻沒有任何功勞，反而多次上書批評朝政。扶蘇身為皇子卻不孝，蒙恬身為大臣卻不忠，一同賜死！」

　　這時候，扶蘇和蒙恬根本不知道秦始皇已經死了，他們倆聽到這個消息，彷彿晴天霹靂。扶蘇當場大哭，立刻就要拔劍自刎。蒙恬也很震驚，但他覺察出這詔書疑點很大，勸扶蘇先別急，先想辦法為自己辯解申冤。扶蘇卻早就絕望了，他習慣了父親的說一不二，覺得父親一直討厭自己，如今賜死自己也是天經地義，沒甚麼可申辯的，便拔劍自刎了。

　　扶蘇死了，蒙恬悲痛欲絕，卻仍然不肯自殺。使者不敢強逼，只好先把他關進監獄。沒過多久，趙高又派出使者來到獄中，繼續逼他自盡。蒙恬感歎說：「我們蒙氏已經連續三代當秦將了。如今我又手握重兵，有能力起兵反叛，我只是不想讓蒙氏背上惡名。」終於服下了毒藥。

扶蘇、蒙恬一死，趙高、李斯最大的障礙沒有了，順利地把胡亥推上了皇位，這就是秦二世。對秦朝的百姓們來說，災難從此開始了。

知識加油站 制度

遺詔是怎麼封存的？

我們經常能從古裝劇裏看到，皇帝的「聖旨」寫在黃絲綢上。但在秦朝，秦始皇的詔書一般寫在細長條的木牘或竹簡上，然後用另一枚空白簡牘蓋上字，再用繩子把兩片簡牘捆起來打個繩結，這就是當時的信封。為了防止別人私自解開繩結偷看信件，繩結上還要糊上封泥、蓋上印璽，一旦拆開就沒法復原了。而趙高正是因為掌握着秦始皇的印璽，才有條件重新蓋一份封泥。

當時的世界

公元前 210 年，秦始皇去世。羅馬軍隊從迦太基攻陷阿格里真托，佔領了整個西西里島。同時，羅馬將軍大西庇阿前往西班牙，對戰迦太基的軍隊。

秦始皇修皇陵

去了地下，也要當皇帝

胡亥是當上了二世皇帝，可是老爸秦始皇還躺在一堆臭魚裏呢，於是他繼位後的第一件事，就是給父親辦葬禮。

墓地倒是現成的，秦始皇早在生前就把自己的陵墓選在了驪山。他剛一即位就開始修陵，修了整整三十七年，直到去世還沒修完，修陵的工匠、刑徒前後加起來得有七十萬人。

古代的條件遠沒有現在好，沒有塔式起重機也沒有鏟車，甚麼機器都沒有，要想蓋個樓，做甚麼都得用人力。而修秦始皇陵的難度更大，工匠們遇到了好多難題。比如當地缺木材，他們就硬是改造了一條河的流向，把大批木材用船遠遠地運過來。挖土的時候，地下水經常滲出來，工匠們就把很多銅熔化成液態灌進地縫，冷卻後堵住地縫。還有一次，工匠們挖到一層岩石，挖不動了，敲上去還會發出「空空」的聲音，只好向旁邊移了將近七百米遠，才又找到一個可以繼續挖的地方。

假如我們能進到秦始皇陵裏面，會看到非常壯麗的一幕：抬頭往上看，地宮的天花板上鑲嵌了很多珍珠、玉石，它們還都是按照各星宿的位置排列的，在黑暗中閃閃發光，看起來就好像是滿天的星辰在閃爍；低頭往下看，腳下的地面是一道道溝渠，好像河流一樣，裏面的「河水」是銀白色、亮晶晶的水銀；四周還環繞着許多宮殿、樓台的模型，像黃金、白玉、珍珠、青銅器、絲綢之類的好東西，有多少放多少，還有很多用娃娃魚的脂肪做成的長明燈，照亮了整座地宮。這些都出自秦始皇的設想，他希望自己的陵墓能儘量模仿外面的世界。

大家可能會問了，地宮裏有這麼多寶貝，要是引來盜墓賊可怎麼辦？秦始皇當然也有防備，他讓工匠們在地宮裏設置了許多弩機，要是真有人下到地宮裏，踩中機關，弩機就會發射箭矢，把他們射個透心涼。

陵墓已經夠壯麗了，秦二世胡亥卻還嫌不夠。為了給老爸的葬禮撐面子，他又下了一道殘忍的命令：後宮中所有沒生育過的妃子們，全都給秦始皇殉葬。為防止那些修陵的工匠泄露秦陵的祕密，引來盜墓賊，他把他們關在秦陵的墓道裏活活困死。

殘害了那麼多無辜者之後，秦始皇的葬禮總算辦完了。這時，趙高又給胡亥出了個餿主意：「你的那些兄弟姐妹們、朝廷裏那些大臣們，都懷疑你是做了手腳才當上皇帝的，萬一他們聯合起來造反，我們都要完蛋。你乾脆一不做二不休，把他們全殺了。」胡亥為辦葬禮殺了那麼多人，自然不在乎多殺一些，連聲稱好，把這項任務交給趙高。

趙高大權在手，立刻把許多皇子、公主和大臣安上各種罪名，用各種酷刑折磨他們，把他們殺得乾乾淨淨。他還不放心，又把很多與之前被殺的人有關係的無辜者也牽扯了進來。一時間，咸陽血流成河。

把所有可能反對自己的人都殺光了，胡亥、趙高嘗到了嚴刑峻法的甜頭，他們更加囂張，長城、直道、秦陵等大工程不僅不停，還重新修建起一度停工的阿房宮，賦稅勞役越來越重，百姓們稍有不滿就要被罰為刑徒，或者被處以割鼻子、砍腳等肉刑，一個個被折騰得苦不堪言。

本來秦始皇在位的後期，百姓們都已經夠累的了，胡亥剛即位，所有人都盼着他能讓大家稍微歇歇，沒想到胡亥變本加厲，橫徵暴斂，刑罰越來越重。大家都非常痛恨胡亥，私下裏都罵他是「人頭畜鳴」，意思是脖子上長着個人的腦袋，卻只會像畜生那樣叫喚。

當然，胡亥聽不到這些罵自己的話，他和趙高都以為，從此再也沒有人敢反對自己了。其實這只是幻覺，天下很快就要大亂了。

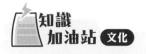

世界第八大奇跡

　　秦陵周圍有很多陪葬坑，其中最有名的就是兵馬俑坑。它們是1974 年臨潼當地一些村民挖井時意外發現的，一下震驚了全世界。這些兵馬俑都是用陶土燒製的，大小全都參照真人的比例。它們頭上的髮飾、臉上的鬍鬚、繫鎧甲的繩結、衣服的褶皺，甚至手上的指甲、關節、手紋，各個細節都塑造得惟妙惟肖。

　　每件陶俑都各不相同。有的俑頭上挽着髮髻，只穿着戰袍，應該是一般的士兵；有的俑戴着板冠，穿着鎧甲，應該是軍隊裏的中下級軍吏；「將軍俑」則是頭戴鶡（hé，粵音 hot3）冠（用鶡鳥羽毛裝飾的帽子）、身穿華麗的鎧甲，鎧甲上還繫着花結，雙手拄着一把青銅劍……連各自的表情都是千姿百態，近八千件陶俑裏幾乎找不到兩個一模一樣的。兵馬俑因此被譽為「世界第八大奇跡」。

當時的世界

　　公元前 246 年，秦始皇陵開始修建。與秦始皇陵年代比較接近的是公元前 280 年建成的亞歷山大燈塔和公元前 281 年建成的羅德島太陽神巨像。後二者與秦陵兵馬俑都屬於世界八大奇跡。可惜的是除了兵馬俑我們還能見到，另外兩個已經被損毀，我們無法看見了。

陳勝吳廣起義

一場暴雨，敲響帝國的喪鐘 ‧‧‧‧‧‧‧‧‧‧‧‧‧‧

　　前面講了趙高、胡亥做的各種壞事，大家該問了：這兩個傢伙這麼可恨，就沒人收拾他們嗎？別着急，收拾他們的人就快來了。

　　其實，這時候的天下早已是民怨沸騰，百姓們心中積聚了許多怨憤，就好像一個填滿炸藥的木桶，只要遇上一點火花，就會砰地炸個天崩地裂。果然，這點火花在一個叫大澤鄉（今安徽省宿州市）的地方點燃了。

　　點燃火花的人叫陳勝。他以前很窮，只能當工人給人種地，但一直很有志向。有一次耕田時，陳勝突然把農具往旁邊一丟，一個人抬頭望天，歎息了很久。大家都很納悶，陳勝卻冒出一句：「以後我們大家當中要是有誰富貴了，不要忘記其他人啊！」

　　同伴們哄的一下全樂了，都笑話他：「你就是個被人僱用種地的，哪能富貴呢？」還有人嘲笑：「趕緊工作吧，別偷懶了！」陳勝看大家都不理解自己，又歎了口氣說道：「燕子和麻雀哪能知道大雁和天鵝的志向呢？」後來，他的這兩句話流傳甚廣，經常被人們提起。

　　胡亥即位後繼續大興土木、橫徵暴斂，徵發越來越多的百姓去服勞役兵役。陳勝也被徵發了，他們這批戍卒集合在一起，共有九百人，陳勝和另一位叫吳廣的人當隊長，還有兩名軍官將尉負責押送。按照秦朝的法律，他們必須在規定時間內趕到服勞役的地點，不然就要被斬首。所以為了保命，所有人不得不分晝夜地拚命趕路。

　　可誰也沒想到，走到大澤鄉的時候，突然下了好多天大雨，道路被淹了，無法再往前走。戍卒們算算日子，發現再怎麼趕也沒法按時趕到，這下所有人都愁壞了，有的戍卒乾脆放聲大哭起來。只有陳勝、吳廣沒有慌，兩個人都不想等死，於是私下裏商量，怎麼讓大家跟着自己起義。

　　這天準備晚飯時，有戍卒從集市上買了一條魚回來，殺魚時突然發現魚肚子裏有甚麼東西，掏出來一看，是一個布條，上面寫着三個紅字：

「陳勝王」，即「陳勝應該為王」的意思。當天夜裏睡覺，大家又聽到外面樹林裏有動靜，像是甚麼動物在叫喚，可又像是在說甚麼。有人壯着膽子出去一看，黑暗的森林裏飄忽着一團火，還有淒厲的狐狸叫聲，仔細一聽，還能聽出人話：「大……楚……興，陳……勝……王……」

戍卒們這下亂成一團，大家交頭接耳，都非常吃驚：原來陳勝注定要當王，還要復興楚國！那我們這些人跟着他，不光不會被殺，還能當上功臣，享受榮華富貴！頓時，大家看陳勝的目光都不一樣了。其實這都是吳廣做的好事。他先用朱砂在布上寫好字，把它塞進魚肚子裏，自己又躲到外面的樹林裏學狐狸叫。戍卒們都沒文化，非常迷信，很容易就被騙了。

看到大家這個反應，陳勝、吳廣知道，其他戍卒都服了自己，肯定會跟着起義，只是隊伍裏還有兩名將尉，想起義必須先除掉他們。

又一個晚上，兩名將尉剛好喝醉了，吳廣故意當着他們的面說想要逃跑，將尉一下發火了，用竹條把他打了一頓。吳廣平時人緣很好，其他戍卒見他被打都很氣憤。吳廣不肯屈服，一邊挨打一邊繼續說要逃跑。兩名將尉更怒了，其中一個拔出劍來威脅他，可這名將尉早喝得爛醉如泥，劍也握不住，吳廣趁機跳起來奪過劍，一劍殺了他。陳勝也殺了另一個將尉。這下大家又是驚訝又是害怕，還有點興奮。

陳勝把戍卒們召集起來講話：「我們遇上大雨，都已經誤了期限，按秦律是要殺頭的；就算能逃過去，守衛邊疆多半也要戰死。壯士就算死，也要死得壯烈，那些王侯將相難道都是天生的貴族嗎？」這就是「王侯將相，寧有種乎」的由來。

陳勝這番話說得大家熱血沸騰，戍卒們紛紛脫下一隻衣袖，露出手臂，表示願意追隨他。這時雨也停了，他們按當時的習俗，用黃土築成高台，擺上兩個將尉的人頭祭天，然後自稱是扶蘇、項燕的軍隊，陳勝當將軍，吳廣當都尉，拿着兩名將尉的劍，穿着他們的盔甲。其他人沒有兵器，乾脆把樹枝砍下來，削尖了一頭當長矛，舉着光禿禿的竹竿當旗幟，這就是「斬木為兵，揭竿為旗」。他們一個個破衣爛衫，赤腳赤膊，看着好像丐幫一樣。可就是這麼一支裝備簡陋、穿着破爛的軍隊，卻一路攻佔了許多郡縣。歷史上把這次起義稱為「大澤鄉起義」。

百姓們早就都對朝廷恨之入骨，一聽説有人起義，都高興壞了，紛紛趕來投奔，陳勝的隊伍像滾雪球一樣越來越壯大，很快發展到幾萬人。後來陳勝佔領了一座重鎮——陳縣，大家一同擁戴他稱王，還立了個國號叫「張楚」，也就是「張大楚國」的意思。

一時間，整個大秦帝國陷入了風雨飄搖之中。而這時候的胡亥、趙高又在做甚麼呢？

知識加油站 制度

遲到了就都要被砍頭嗎？

大家都知道，秦朝的法律非常嚴苛，不過史書記載陳勝他們「遲到就都要被砍頭」，不一定是真的。湖北省的雲夢縣曾經出土過一批竹簡，上面記錄了很多秦朝的法律條文，其中有一條規定：服徭役遲到，領頭的官員會被口頭批評；遲到天數多了，會被罰錢；遇到下雨，可以免除徵發。條文裏並沒有規定所有人都要斬首。這批記錄秦律的竹簡，叫《雲夢睡虎地秦簡》，它表明，秦朝的法律雖然嚴苛，但也沒有史書上描述的那麼可怕。

當時的世界

公元前209年，「大澤鄉起義」成為秦朝走向滅亡的開始。迦太基人在伊比利亞的主要基地之一新迦太基城被羅馬軍隊攻佔，標誌着迦太基人在第二次「布匿戰爭」中已無法與羅馬軍隊抗衡了。

趙高指鹿為馬

是鹿，還是馬？ ·····················

「大澤鄉起義」的消息傳來，忠於秦朝的大臣們個個心急如焚，只有一個人不急，大家猜猜他是誰？正是秦二世胡亥。

陳勝剛一起兵，當地的官員們就趕忙派使者到咸陽報告。胡亥氣壞了，可他氣的不是有人造反，而是官員們打擾了自己玩樂享受。就像大家玩遊戲玩得正投入呢，家長時不時就來提醒：「還不寫作業！」「明天該考試了！」「這麼晚了，睡覺了！」這時大家肯定也不高興。

胡亥被打擾煩了，乾脆把這些使者下了獄。這麼一來，再也沒人敢來報告了。胡亥挺得意，以為天下從此太平，卻不知各地起義軍已經越來越多了。直到後來，張楚軍攻進了關中，手下實在不敢不報，他這才慌慌張張召集大臣們商議對策。

這時候，秦軍主力都在邊疆，根本來不及調回來。大臣章邯出了個主意：軍隊我們是沒有，可秦陵不是有幾十萬刑徒嗎？把他們組織成軍隊，只要打勝仗，之後每個人都給爵位，他們就肯為朝廷賣命了。胡亥反正也是死馬當活馬醫，同意了這個辦法。章邯就把刑徒們組成軍隊，臨陣磨槍地訓練了一通，帶着他們上了戰場。

這一招還真管用，刑徒們好不容易重獲自由，一個個士氣高漲，把起義軍乾淨俐落地趕出了關中。這支軍隊又連戰連勝，逼得陳勝的車夫殺死陳勝，把陳縣獻給了秦軍。胡亥這才鬆了口氣，把朝政大權一股腦兒推給趙高，又躲進咸陽宮裏吃喝玩樂去了。

起義軍風起雲湧，四面開花，可愁壞了丞相李斯。當初，胡亥、趙高在咸陽搞大屠殺的時候，李斯也在打自己的小算盤：那些皇子、大臣都有可能威脅到自己的地位，胡亥、趙高殺了他們，剛好替自己清除了障礙，所以他一直裝聾作啞。但如今不一樣了，起義軍一旦攻破咸陽，無論胡亥、趙高還是李斯，都得一起完蛋。於是，李斯就和另兩位大臣馮劫、馮

去疾聯名上書，勸胡亥停止阿房宮等大工程，減輕賦稅、徭役，先集中精力平定各地的起義。

李斯他們三個都沒想到，自己好心好意提意見，胡亥卻把他們臭罵了一頓：「先帝活着的時候天下太平，我剛繼位兩年，各地就出了這麼多造反的，還不是你們沒用？」下令治三位大臣的罪。馮去疾、馮劫明白過來了，有胡亥、趙高這樣的昏君奸臣在位，誰都沒法挽救秦朝，說了句「將相不能受辱」後便拔劍自殺了。李斯卻心存幻想，以為憑自己的功勞和能力，怎麼都能洗刷冤屈，結果全家都被關進了監獄。

李斯等人被治罪，都是趙高在背後搞鬼。趙高早就認準，自己想大權獨攬，李斯是最大的障礙，一直就想鏟除他。如今李斯終於被治罪了，趙高得意壞了，馬上像貓玩老鼠一樣盡情耍弄李斯。他每天都派手下對李斯嚴刑拷打，逼他承認謀反。

當時審理案件，需要皇帝派出御史來了解案情。趙高怕李斯趁機申冤，故意先派出手下假扮御史，一次次來到監獄。起初，李斯總把這些「御史」當了真，可他只要說出自己的冤情，這些人就暴露出本來面目，把他一頓痛打。挨打挨多了，李斯就再也不敢申冤了。等到真正的御史來探監時，李斯反而痛痛快快地承認了自己謀反的罪名。

李斯一家都被押解到鬧市公開處刑。臨刑前，李斯後悔不已，轉頭對兒子說：「我多想再和你牽着黃狗，一同出上蔡城門去追兔子啊，如今怎麼可能呢！」父子倆抱頭痛哭，最終被腰斬，家人也無一倖免。李斯為秦朝建立立下過大功，可是太貪戀權勢，只為自己盤算，最終晚節不保，落得個極為淒慘的結局。

除掉李斯，趙高也就除掉了最大的對手，為了看看大臣們還有誰敢反對自己，他又耍了個詭計。

有一天上朝，趙高牽着一頭梅花鹿來到胡亥面前，硬說這是一匹好馬，要獻給胡亥。胡亥大吃一驚，揉揉眼睛，反覆打量這匹「馬」：頭上長着角，身上還有斑點，尾巴只有一小撮。胡亥趕緊對趙高說：「這明明是鹿啊。」趙高卻一本正經地說：「陛下，這就是馬。不信您問問大臣們。」滿朝大臣幾乎沒人敢得罪趙高，都跟着爭先恐後地喊：「陛下，這

是馬，不是鹿！」只有少數幾個大臣說是鹿。胡亥徹底聽傻了，就好像一加一明明等於二，可幾乎所有人都說等於三。趙高看到大臣們都是這副樣子，知道沒人再敢反對自己，心裏得意極了。他偷偷記下那幾個說真話的大臣，回過頭就把他們都殺掉了，從此徹底把持了朝廷。這就是「指鹿為馬」的故事。

沒過多久，趙高越看胡亥越覺得礙事，決定乾脆除掉他，自己當皇帝，於是派出手下衝進宮去殺胡亥。胡亥還迷迷糊糊不清楚怎麼回事呢，趙高的手下就將一把劍遞給他說：「你做的壞事太多了，趕緊自我了斷吧！」

胡亥這才明白怎麼回事，哀求道：「我想見見丞相趙高。」手下說：「不行！」胡亥又說：「那你替我跟丞相說，我不當皇帝了，給我一個郡，讓我當郡王就行了。」手下還是說：「不行！」「那我當萬戶侯行不行？」「不行！」「那就讓我當個普通百姓，總行了吧？」手下不耐煩了：「不管你說甚麼，反正我都不會報告丞相！」胡亥沒辦法，只好哭着自殺了。

這時候，秦朝的壽命已經剩下沒多少天了。

知識加油站 制度

在秦朝犯法，一般不會蹲監獄

根據出土秦簡的記載，秦朝對違法者最常見的處罰一般有三類：一是罰錢，以一件鎧甲或一面盾牌的價格為單位，這叫「貲（zī，粵音支）」；二是勞動改造，也就是當刑徒，修驪山的七十萬刑徒大部分是這種情況；三是肉刑，也就是臉上刺字、割鼻子、砍腳等刑罰，這幾種處罰還經常一起用。反倒是蹲監獄在當時非常少見，那時的普通人連吃飽肚子都不容易，不可能允許罪犯在監獄裏白吃白喝，甚麼都不做。

▲秦朝時修築秦始皇陵、阿房宮的刑徒所戴的刑具

項氏起兵

要學就學萬人敵

　　就在咸陽城亂成一鍋粥的時候，中原的起義軍已經遍地開花了。其中實力最強的是項梁、項羽這對叔姪的軍隊。

　　項氏是楚國人，他們家代代都在楚國當將軍，項梁的父親也就是項羽的爺爺，正是王翦滅楚時的楚將項燕，他打了敗仗被殺，項梁則帶着項羽和其他家人逃到下相（今江蘇省宿遷市）藏起來。

　　這段國破家亡的經歷也讓項梁對秦朝恨之入骨，時刻夢想恢復楚國。他希望項羽能早點有出息，好當自己的幫手。可是項羽白長了個傻大個子，甚麼都不愛學。項梁讓他讀書，沒讀幾天，項羽就把竹簡丟到一邊，不讀了；項梁又讓他學劍，項羽也是學了幾天就把劍丟下，直接揮拳頭和人打架去了。

　　項梁很生氣，就問他：「你到底想學甚麼？」項羽卻回答：「會讀書也就是認個人名，會用劍也就打得過一個人。我要學的本事，得是一個人能打贏一萬個人！」項梁一聽，對姪子有些刮

目相看：沒想到這小子學啥啥不行，眼光倒挺高，一個人能打贏一萬個人的本事，也就是兵法了。項梁自己就帶過兵，於是親自教他兵法，結果項羽學了一陣子又不學了。

　　後來，項梁又帶着項羽逃到吳中（今江蘇省蘇州市）。當地每次有徭役或者喪事，項梁都主動幫着管理，慢慢有了名氣，很多年輕人都來投奔他。有一次秦始皇出巡到他們這裏，此時的項羽已經長得又高又壯，力氣

大得能扛起銅鼎。他和叔叔一起混在人羣裏，遠遠看着浩大的車隊，越看心裏越有氣，脫口而出：「有甚麼了不起，我早晚要取代他！」項梁趕忙捂住他的嘴：「別胡說，小心我們全家都被治罪！」心裏卻很高興，覺得姪子很有志向。

後來陳勝、吳廣起義了，很多郡縣的官吏見勢不妙，都暗自準備起兵反秦，吳中的郡守殷通也有這個打算，還想邀請項梁入夥。項梁早就在等這個機會，可他卻瞧不起殷通：「就憑你也配跟我合夥？」於是找來項羽，兩人密謀了一番。

項梁帶着項羽來到殷通那裏，把項羽留在外面，自己進去和殷通密談。談話的時候，殷通想讓項梁和另一個叫桓楚的人一起領兵。項梁假裝同意，但故意告訴殷通：「桓楚已經逃亡了，誰也不知道他去了哪，只有我姪子項羽知道。」

殷通不知是計，便讓項羽進來。項羽一進來，旁邊的項梁就對他使了個眼色，突然說了句：「可以了！」項羽早有準備，馬上拔劍殺了殷通，又砍下他的頭來。殷通的手下大吃一驚，趕忙抄起兵器圍攻項羽，可誰都不是他的對手。項羽一口氣殺了好幾十人，整個郡府滿地鮮血，剩下的人都怕被殺，只好認項梁當郡守。

項梁把追隨自己的年輕人都召集起來，又四處招兵買馬，組建起一支八千人的隊伍，號稱「江東子弟兵」，準備開始攻佔附近的郡縣。這時有一個叫范增的老人趕來獻計，他說：「秦滅六國，楚國最無辜，當年楚懷王死在秦國，楚人都很可憐他，還流行着一句話：『楚雖三戶，亡秦必楚。』您不如尋訪楚懷王的後人，立他為楚王，這樣大家都會擁護您。」

項梁覺得范增的建議很有道理，就派人去尋訪，還真找到了楚懷王的後代，一個叫熊心的牧羊少年。項梁就把他立為楚王，仍然叫楚懷王。

大家可能會覺得奇怪，項梁本來手裏有兵馬，為甚麼不自己稱王，而一定要費那麼大的力氣，找楚懷王的後代當楚王？這是因為，當時的人們都很看重出身、家世。在大家心目中，那些君王、貴族都是天生注定要當「上等人」的，君王的後代就應該繼續當君王。項梁立楚懷王的後代為王，在人們看來是理所應當的，要是項梁自己稱王，大家反而不會服他。

立了楚懷王之後，項梁、項羽統領着楚軍，把秦軍打敗了好幾次，連李斯的兒子、三川郡郡守李由都殺了，項梁很得意，覺得這樣打下去很快就可以滅秦了。沒想到章邯統領秦軍主力趕過來，一下把項梁打得大敗，項梁本人也戰死了。

　　項羽這時剛好被派去攻打其他城邑，算是躲過一劫。聽到叔叔戰死的消息，他放聲大哭，可是自己手頭的兵力根本不夠去報仇，只好和其他將領收拾起殘兵敗將，一起退到彭城（今江蘇省徐州市），這才站穩腳跟喘了口氣。

　　這時候，章邯又率軍掉頭北上，去攻打反秦諸侯趙歇，另一路原來歸大將蒙恬統領、駐守北疆的主力秦軍也南下了。趙軍趕忙向楚懷王求救，楚懷王派兵去救援，著名的「鉅鹿之戰」由此打響。這場大戰還引出了一個有名的成語，大家知道是甚麼嗎？

古時候，名和字不是一回事

　　項羽的本名是「籍」，所以他其實應該叫項籍。「羽」是他的字。當時人們為了表示尊敬，不能直接稱呼對方的名，而只稱呼對方的字，這才有了項羽的稱呼。後來司馬遷寫《史記》也這樣叫他，於是有了那篇《項羽本紀》，從此項羽這個稱呼就一直流傳下來。

鉅鹿之戰

破釜沉舟，決死一戰

上節説過，「鉅鹿之戰」引出了一個有名的成語，它就是「破釜沉舟」。釜，就是煮飯用的鍋；舟，就是過河乘坐的船。這個成語是説，把煮飯的鍋砸了，把過河的船弄沉了，不留退路，要麼勝利，要麼徹底失敗。這個成語正是項羽創造的。

楚懷王派楚軍去救援鉅鹿（今河北省邢台市鉅鹿縣）的趙軍。楚軍以宋義為上將軍，項羽和范增都得聽宋義的。這讓項羽很鬱悶，為甚麼呢？之前項梁戰死的時候，宋義就提前斷定，項梁太輕敵，肯定會打敗仗，結果還真讓他説中了。項羽覺得叔叔的死是宋義詛咒的，一直非常討厭他。偏偏楚懷王又命令自己必須聽他的，項羽沒辦法，只能聽從命令。

可是宋義率領楚軍北上，離鉅鹿還有老遠就停下不走了，一直耗了四十六天。將士們都很奇怪，項羽也好幾次催宋義動身，宋義都不同意，擺出一副老謀深算的樣子：「現在秦軍攻打趙軍，就算贏了也筋疲力盡，我們等到那時候再進攻，一定會輕鬆很多。」

項羽還想爭辯，宋義卻讓他閉嘴：「要説披着鎧甲、握着兵器上陣打仗，我是不如你項羽；可要説指揮謀劃，你就不如我宋義了。」説完，宋義還故意向全軍下了一道命令：「但凡那些兇猛如虎、狠如鬥羊、貪婪（lán，粵音藍）如狼、倔強不聽指揮的人，一律斬首！」這明擺着是説給項羽聽的。

　　項羽非常氣憤，便悄悄來找范增商量。項梁死後，項羽認范增當「亞父」，也就是「僅次於父親」的意思。范增也知道項羽的打算，便給他出好了主意，讓他等到合適的機會就出手。

　　機會還真來了，宋義準備把兒子送到齊國當官，臨別前在軍中設酒宴給兒子餞行，一天到晚吃吃喝喝。那幾天又剛好一直下大雨，楚軍缺吃少穿、又冷又餓，士兵們聞到宋義帳中酒肉飯菜的香氣，一個個口水直流，偏偏聞得見吃不着，於是都對宋義非常不滿。

　　項羽一看，這可是收買人心的好機會，就趁機煽動士兵們：「說好了要進攻秦軍，宋義卻故意在這裏磨蹭。今年本來就鬧饑荒，缺糧缺得厲害，大夥只能吃豆子、芋頭，而宋義自己卻大吃大喝，只顧自己，不顧大家，他就是個禍害！」

大家早就憋了一肚子火，聽項羽這麼說，都覺得很有道理，紛紛要項羽拿主意。項羽拍着胸脯保證，肯定給大家一個交代。第二天一早，他藉口有事找宋義，一進軍帳就殺了宋義，然後召集起全軍將士，告訴他們：「宋義串通齊國反叛楚國，是懷王讓我殺了他的！」

　　雖然大家都知道項羽在睜眼說瞎話，但他們更討厭宋義，於是一通歡呼，共同推舉項羽當全軍的統帥，沒人再關心死了的宋義。宋義做人做到這份上，也夠失敗的了。

　　項羽派人把這事報告給楚懷王，楚懷王非常惱火，可又沒辦法：項羽這狠人只會用拳頭說話，如果自己非要追究，搞不好這傢伙會把自己也給殺了。他只好順水推舟，同意項羽為上將軍。

　　項羽統領着楚軍渡過漳水（今河北省南漳河），剛一過河，他就下令鑿沉所有船隻，又砸破所有煮飯的釜，燒毀了所有營帳，全軍只攜帶三天口糧，意思是：這一戰無論勝負，都不要想着還能後退。項羽用這種方式表示決一死戰的決心，表現出必須戰勝敵人的堅定信念。士兵們見了這個舉動，一個個也都熱血沸騰起來，都覺得能跟着項將軍痛痛快快打一仗，全軍的士氣升到了頂點。

　　項羽先去進攻那支從北疆南下的秦軍，它原來的統帥正是蒙恬，如今換成了蒙恬的副將王離。王離是王翦的孫子、王賁的兒子，當年正是王翦殺死了項羽的爺爺項燕。這下正好，爺爺的仇，孫子來報。

　　王離率領的這支秦軍也是精銳，兩軍相遇，一口氣打了九場仗，最後楚軍大獲全勝，俘虜了王離，殺了一名大將，另一名大將不肯投降，自己把自己燒死了。

　　秦楚兩軍大戰的時候，其他諸侯聯軍也陸陸續續趕來了，可他們害怕秦軍，想保存實力，於是全都揣着手圍觀。這也留下了一個成語「作壁上觀」。

　　諸侯們都以為，楚軍根本打不過秦軍，項羽這回肯定完蛋了。可誰也沒想到，這一戰打得這麼激烈，他們全都看得心驚肉跳。等到楚軍終於獲勝之後，諸侯們的第一反應居然不是歡呼，而是害怕。後來去見項羽的時候，諸侯們都對項羽佩服得不得了，也害怕得不得了，乾脆跪在地上，兩

個膝蓋一點點蹭進楚營，沒人敢抬頭直視項羽。

　　王離率領的秦軍覆滅了，還有章邯率領的那支秦軍呢。項羽又接連把章邯打敗了好幾次，一邊打一邊向他勸降。章邯這時候已經孤立無援了，趙高、胡亥甚至打算拿他問罪。最後，章邯對朝廷徹底死心，乖乖向項羽投降了。

　　這樣一來，秦朝失去了全部主力，滅亡僅僅是時間問題了。而憑藉「鉅鹿之戰」的大獲全勝，項羽也成了諸侯們公認的領袖。

古代用甚麼煮飯？

　　現在家裏做飯，通常只要把米和水放進電飯煲裏，通上電，過一段時間米飯就自動煮好了。古代可沒有這種鍋，用來煮飯的是「鬲（lì，粵音力）」或者「釜」。「鬲」有青銅的也有陶的，下面有三條短粗腿。「釜」沒有腳，但有兩個把手，可以吊起來懸空燒，更便於攜帶，所以項羽的士兵們平時都帶着釜去打仗。

當時的世界

　　公元前208年，「鉅鹿之戰」。同年，大西庇阿在「巴埃庫拉戰役」中擊敗了迦太基名將漢尼拔的弟弟哈斯德魯巴。這場戰役為後面漢尼拔的失敗埋下了伏筆，而指揮這場戰役時，大西庇阿只有二十七歲。

約法三章
小小亭長滅秦記 ⋯⋯⋯⋯⋯⋯⋯⋯⋯⋯⋯⋯⋯⋯⋯⋯⋯

　　項羽在鉅鹿殲滅秦軍主力的時候，另一支起義軍已經逼近關中了，它的統帥叫劉邦。

　　劉邦可是個奇葩人物。相信老師家長沒少教育大家：要認真學習，要熱愛工作，要有禮貌，要誠實守信，要謙虛謹慎⋯⋯可是這些美德，劉邦一條都不佔。

　　劉邦原先是沛縣（今江蘇省徐州市沛縣）的一個亭長，相當於如今的警務處警長。他這個警長當得很差勁，平時既貪酒好色又愛捉弄人，還愛佔小便宜，經常跑到當地的酒館裏白吃白喝，喝醉了往人家店裏一躺，直接就呼呼大睡，欠了老闆好多錢也不還。

　　就連娶老婆，劉邦都透着一股不靠譜。當地有一戶姓呂的大戶人家，有一天，縣裏有頭有臉的人物都備了禮物去他家做客。呂公看客人太多，於是規定：送的禮物價值不滿一千錢，都得坐在堂下，不能進屋坐。

　　這時候劉邦大搖大擺進來了，張嘴就說：「我送一萬錢！」呂公驚呆了：這人這麼有錢？趕緊把他迎進屋裏，請他上座。劉邦吃飽喝足抹抹嘴，打着嗝說了實話：自己其實一個錢都沒有。這份驚人的無恥把所有人都震住了，呂公也很震驚。但是他打聽一番之後，覺得劉邦以後多半能成大事，硬是不顧老婆的反對，把女兒呂雉（zhì，粵音自）嫁給了他。

　　呂公還真沒看走眼。劉邦這人雖然小毛病一大堆，但是在沛縣卻很有號召力，很多人都服他。他還有一大羣好朋友：蕭何、曹參、夏侯嬰、樊噲，一個比一個優秀。劉邦自己也很有志向，有一次他到咸陽服徭役，剛好趕上秦始皇出巡，就混在人羣中圍觀。看到浩浩蕩蕩的車隊，劉邦眼饞壞了，長歎說：「哎呀，大丈夫就應當是這個樣子啊！」

　　秦二世即位後，劉邦也預感到天下將要大亂，暗地裏為自己打算起來。這天他又押送百姓去驪山服徭役，結果好多百姓半路逃跑了。劉邦心

想，等走到驪山，這幫人就逃光了，自己肯定沒好結果，乾脆把所有人召集起來喝了一頓酒，告訴他們：「大夥都跑路吧，我從此也不當亭長了！」大家早有這樣的打算，頓時一哄而散。也有十來個人主動留下來，願意跟着劉邦混。劉邦從此在芒碭山（今河南省永城市芒山鎮北）一帶落草為寇，當起了綠林好漢。

陳勝、吳廣在大澤鄉發動起義以後，劉邦也趁機回到沛縣，帶着蕭何、樊噲這些兄弟佔據了沛縣，劉邦還給自己起了個稱號叫「沛公」。之後他又投奔項氏，和項羽一起打了不少仗。項羽去打「鉅鹿之戰」的時候，劉邦也率領另一支部隊向西進攻，一路上攻克了不少郡縣，慢慢逼近關中。

這時候的咸陽，趙高殺了秦二世，又從倖存的皇族成員裏選了個叫子嬰的公子，想讓他當個擺設，自己繼續掌權。可趙高沒想到，子嬰早就恨透了他，決心除掉這個禍害。這天，子嬰設下埋伏，把趙高誆騙進來殺掉，又一口氣清洗掉他所有的黨羽。趙高耍了一輩子陰謀，終於被人耍了一回。

可是這時候，子嬰已經來不及挽救秦朝了，劉邦的軍隊已經來到了灞上（今陝西省西安市東）。子嬰手裏一點兵馬都沒有，只能換上白色的喪服，坐着白色的馬車，去向劉邦投降。劉邦倒是仁義，沒有殺子嬰，只是把他看管起來，然後領兵進駐咸陽。

劉邦手下的將士都是普通百姓，連進過城的都很少，劉邦自己也就到過驪山。他們進了咸陽城，就好像孫悟空第一次來天宮、劉姥姥進大觀園，看甚麼都新鮮：壯麗的咸陽宮，高高架起的復道與閣道，金燦燦的十二金人，還有後宮無數的美女和金玉財寶……將士們看花了眼，頓時歡呼雀躍起來，然後就到處搶劫起財寶。

劉邦也樂壞了，打算住進秦宮，好好享受一番，這時有一個人勸住了他。這個人就是刺殺過秦始皇的張良。張良刺殺秦始皇失敗後，認識了一位世外高人——黃石公，從他那裏得到一本兵法，從此每天鑽研，後來投奔劉邦，當了他的謀士。

張良勸劉邦說：「您是打着正義的旗號開進咸陽的，要是上來就光顧

着享樂，這不是和秦二世沒區別了嗎？百姓們怎麼看您？其他諸侯怎麼看您？」劉邦想想也是，趕緊下令禁止搶劫，秦宮那些財寶誰都不許動。之後他又召集起那些有錢有勢的豪強們，告訴他們：「大家苦於秦朝的嚴刑峻法已經很久了，現在我宣佈，只和大家約定三條法令：第一，殺人的要償命；第二，傷人的要抵罪；第三，搶劫的也要賠償。其餘的法律全部廢除！」這就是「約法三章」的故事。

劉邦約法三章，秦地的百姓都很高興，他們被欺壓太久了，終於能喘口氣了，那種感覺就好像大家天天寫作業寫到很晚，有一天老師突然宣佈沒作業了。百姓們於是全都希望劉邦來治理關中。

這時的劉邦還陶醉於取得勝利的喜悅之中，可他沒想到，自己的大麻煩馬上就要來了。

知識加油站 文化

劉邦的名字

前面我們說過項羽的名字，現在再來說一說劉邦的名字，看看古代人名字的祕密。其實，在古代，像劉邦這種窮苦百姓出身的人，是沒有名和字的，只是在姓氏後面加個排行，因此劉邦最初叫劉季。當時，人們大多會把孩子按出生順序，用伯（孟）、仲、叔、季來稱呼，第一個出生的孩子叫伯，第二個出生的孩子叫仲，以此類推。因此我們可以知道，劉季是劉家第四個兒子，按照通俗的叫法，就是「劉老四」，後來他因為當了皇帝，再叫「劉老四」很沒面子，所以才起了「劉邦」這個名字。

鴻門宴
史上最出名的一場宴會 ·

　　劉邦佔領咸陽的消息傳來，有一個人氣炸了，這個人就是項羽。

　　項羽為甚麼生氣呢？原來之前他和劉邦同時出兵攻打秦軍，項羽去打河北，劉邦去打河南。楚懷王和他們約定：誰先攻入關中，誰就封在關中為王。項羽一開始也沒當回事，因為那時秦朝還很強大，他覺得誰打進關中都得猴年馬月。可是打贏「鉅鹿之戰」後，項羽聲名遠揚，兵力又最強大，他認為自己理所應當是天下諸侯們的老大，偏偏劉邦搶在自己前頭進了關中，他頓時覺得很沒面子。

　　正巧，劉邦手下一個叫曹無傷的小官偷偷向項羽報信，說劉邦想佔據關中，獨吞咸陽所有的珍寶。這下猶如火上澆油，項羽立刻下令加緊進軍，準備徹底消滅劉邦，出一口惡氣。

　　項羽的一位叔叔項伯一直跟張良有交情，得知項羽的打算後，他連夜偷偷騎馬趕到劉邦的軍營，通知張良趕緊跑路。可張良馬上就把這事轉告了劉邦。劉邦趕緊向項伯解釋，自己佔領關中後甚麼都不敢動，派兵守關是為了防備盜賊，自己天天在盼着項羽到來，怎麼敢反叛呢？並求項伯替自己向項羽說好話。項伯覺得劉邦說的也有道理，讓他第二天去項羽那裏道歉謝罪。劉邦滿口答應，還當場和項伯結成了兒女親家。

　　第二天，項羽在鴻門（今陝西省西安市臨潼區）擺下了宴席，劉邦帶着張良、樊噲等人來了。劉邦一見項羽就低聲下氣地謝罪：「我和將軍齊心合力滅秦，您在河北打仗，我在河南，我自己都沒想到能先入關。如今我們鬧了點誤會，這都是有小人在中間搬弄是非。」項羽看劉邦服了軟，

氣先消了不少，他也沒有多想，隨口就說了一句：「這都是你手下的曹無傷說的。」劉邦一聽，心裏立刻記上了一筆。

酒席擺上來了，席上有項羽、項伯、范增、劉邦、張良五個人。范增認準劉邦是個心腹大患，早就建議項羽殺了他，吃飯時更是好幾次舉起一枚玉玦（jué，粵音缺），暗示項羽趕緊下決心，趁機殺掉劉邦，以除後患。可項羽總覺得要是就這麼把劉邦殺了，名聲不大好，諸侯們都不會服自己，所以一直在猶豫。

范增看項羽不吭氣，乾脆溜出營帳，叫來項羽的弟弟項莊，對他吩咐一番。項莊大搖大擺提着劍進了屋，先向劉邦、項羽敬酒，然後說：「這麼乾喝沒甚麼意思，我舞個劍，給大王和沛公助興吧！」說着就耍起了劍，越耍離劉邦越近，劉邦嚇得魂飛魄散。這個場景後來演變出一個成語：「項莊舞劍，意在沛公。」

項伯一看不好，趕緊也拔劍跳出來，擋在劉邦身前說：「一個人舞劍不夠熱鬧，兩個人對舞才有意思。」和項莊對舞起來。項莊這下沒法下手了，張良也趁項伯保護着劉邦的機會，趕緊跑出來找樊噲。

樊噲一聽劉邦現在很危險，也急壞了，他一手握劍一手舉盾，「噔噔噔」幾步就闖進了大帳，滿臉怒容，頭髮好像根根倒豎，兩眼瞪得恨不能突出眼眶。

項羽沒想到宴會上闖進來這麼一位，趕緊緊握住腰間的劍，問：「你是做甚麼的？」張良在旁邊介紹，說這是劉邦的保鏢樊噲。項羽很喜歡和自己一樣的大力士，他看樊噲生得虎背熊腰，知道這是個猛人，讓左右賞賜樊噲一大杯酒、一隻豬手。樊噲也不客氣，先是一口氣把酒喝完，又一屁股坐下來，把盾牌放在地上當砧板，豬手放在盾上，直接拿劍割起肉，塞進嘴裏大吃起來。

項羽愈發覺得樊噲和自己合得來，又問：「你還敢再喝酒嗎？」樊噲把嘴裏的肉嚥下去，用油乎乎的大手抹抹嘴，大聲說：「我死都不怕，還怕甚麼喝酒？沛公先進了咸陽，按理說依楚懷王的約定，都應該在關中稱王了，可他甚麼財寶都不要，就為等大王您！他對您這麼忠心，您反而想殺他，這不和暴秦一樣嗎？」項羽聽了十分尷尬。

劉邦這才鬆了口氣，藉口上廁所趕緊溜出來，還把樊噲也叫了出來，準備趁機逃掉。劉邦還想去向項羽道別，樊噲説：「現在人家就是刀和砧板，我們就是那砧板上的魚肉，還道甚麼別！」這就是成語「人為刀俎，我為魚肉」的由來。劉邦覺得有道理，只留下張良善後，自己帶着樊噲他們一起腳底抹油，飛快逃回了自己的軍營，回去就把曹無傷抓來殺掉了。

張良估摸着劉邦差不多該回到軍營了，這才進帳向項羽道歉説：「沛公酒喝得多了，有些醉了，沒法親自向大王告辭，已經回軍營了。他給您帶來一雙白璧，又給范增帶來一雙玉斗（玉製的酒杯），託我轉交。」説着送上禮物。

項羽一聽，覺得劉邦嚇成那樣，提前跑掉也可以理解，這老小子壞心眼雖然多，諒他也不敢和自己作對，就收下了玉璧。范增卻既後悔又生氣，把玉斗放在地上，一劍敲碎，恨恨地説：「唉！項羽這小子沒法共謀大事，今後奪取天下的一定是沛公。我們這些人都要被他生擒活捉了！」

范增還真説對了，這場「鴻門宴」過後，項羽開始走起了下坡路，劉邦卻迅速強大起來。

知識加油站 文化

鴻門宴上，劉邦和項羽都吃了甚麼？

當時的宴會是分餐制，一人面前擺一張案，每道菜分給每位客人，各自吃各自的，中間留出一塊空地，所以項莊才能在這空地中舞劍。

古代宴會上也有酒有肉。當時酒的度數非常低，所以樊噲才能一口氣喝一大杯。肉是不加任何調味料，放在開水裏煮熟，撈出來後切給每人一整塊，大家再像吃西餐那樣，各自用小刀切下肉片，蘸着醬吃。另外，當時烤肉串已經出現了，和現在的吃法基本一樣，只是沒有孜然和辣椒。

主食一般是小米飯，吃的時候直接下手抓，也是蘸着醬吃，類似滷肉飯、咖喱飯的感覺。湯當時叫「羹」，倒是種類繁多，肉、菜、糧食都可以一起煮，還能加各種調味料，比現在的湯要濃稠得多。

韓信拜將

鑽褲襠的膽小鬼大翻身 ·

　　大家有沒有過受人欺負的經歷？最好沒有，其中的滋味絕不好受。秦末有一位名將就有過這樣的經歷，不過他的處理方式，大家一定猜不到。

　　這位將軍就是韓信。韓信年輕的時候遊手好閒，經常去別人家蹭飯。有一次他背着劍在路上走，屠戶中有個年輕人攔住了他，趾高氣揚地向他挑釁：「看你個子那麼高，還背着劍，其實是個膽小鬼！你要真有膽量就殺了我，不然就從我胯下鑽過去！」

　　大家想想，你們要是遇到這種情況會怎麼辦？通常來講，不管怎樣，誰也不會從他胯下鑽過去吧？可是韓信居然真的就趴在地上，從他胯下鑽過去了，這就是「胯下之辱」。圍觀的人哈哈大笑，嘲笑韓信膽小。大家是不是也很吃驚：這韓信怎麼窩囊成這樣？別急，後面我們會解釋。

　　不久，天下開始大亂了。韓信先是投奔了項梁、項羽，但沒能得到重用，又改投劉邦，還是默默無聞。周圍的人也沒拿他當回事，只有劉邦的二把手蕭何認定他很有才能。

　　劉邦這時候過得很不順。鴻門宴之後，項羽率領諸侯聯軍進入咸陽，一通燒殺搶掠，徹底將秦朝滅了，之後又主持分封大會，故意把劉邦分到了偏遠的漢中、巴蜀，劉邦從此號稱漢王，項羽則自稱西楚霸王，佔據了江東。

　　劉邦對這個結果很不滿意，可又不敢反抗，只能去了蜀地。他手下好多人也很失望，覺得跟着劉邦混下去沒前途，於是隔三岔五就有人偷偷逃

掉，其中就有韓信。蕭何一聽說韓信跑掉了，趕忙連夜去追，終於追上了他，好說歹說把他勸了回來。

蕭何追韓信時走得太急，沒顧得上告訴劉邦，結果劉邦以為他也想跑，正着急時，蕭何回來了。劉邦心裏稍微踏實了一些，但又十分生氣，問他做甚麼去了。蕭何說：「我去追韓信了。」劉邦很奇怪：「每天都有這麼多人跑路，你為甚麼單單去追韓信？」蕭何說：「像韓信這樣的人才，天下找不到第二個。大王您要是只想在漢中過一輩子，那就用不到韓信；可您要是想爭奪天下，沒有人比韓信更重要了。」

劉邦還有點懷疑，讓蕭何把韓信帶過來，打算任命他當大將軍。蕭何卻說：「大王您向來對人很沒禮貌，要是任命韓信也這麼隨便，他早晚還是要走的。您必須選個良辰吉日，自己齋戒幾天，再舉行隆重的拜將儀式才行。」劉邦心說這也太麻煩了，不過他知道蕭何向來做事很靠譜，絕不會亂出主意，最終還是同意了。

劉邦要拜將的消息很快傳開了，很多人都特別期待，覺得自己要做大將軍了。好不容易等到拜將那天，劉邦一公佈人選，竟然是默默無聞的韓信，大家驚訝得下巴都要掉到地上了。

韓信當上大將軍之後，劉邦向他請教以後該怎麼辦。韓信給劉邦分析：「大王您最大的敵人就是項羽，項羽看起來很強大，可問題更大。項羽很勇猛，卻不能任用有能力的將領；他平時對人很有禮貌，看到人生病會心疼得流淚，可是有人立下戰功、該得爵受賞的時候，項羽卻把官印緊握在手裏，官印磨得沒了稜角都捨不得給有功的人；他打到哪裏，就要在哪裏燒殺搶掠，百姓們沒有不恨他的。所以項羽名義上是天下霸主，其實早已失掉了天下的民心。大王您只要反其道行之，任用人才、收買人心就可以了。」

韓信又建議劉邦，先從漢中北上，重新拿下關中。項羽火燒咸陽之後，把關中分給了章邯、董翳、司馬欣這三個秦朝降將，秦地百姓非常討厭他們，反倒很歡迎劉邦。要是能拿下關中，劉邦就有了根據地，可以從此發展壯大了。劉邦連聲說好，當即開始了出兵的準備。

有傳說稱，韓信故意派士兵重修劉邦入蜀時燒毀的棧道，好讓章邯誤

以為漢軍要從棧道殺出來，自己卻率領大軍從另一條小路——陳倉道祕密北進，然後突然殺進關中，這就是「明修棧道，暗度陳倉」這個成語的由來。

章邯這時候毫無防備，很快就被韓信打得大敗，逃到了廢丘。漢軍又水灌廢丘，章邯眼看走投無路，只好自殺，城中剩餘的殘兵也向劉邦投降了。緊接着，漢軍又擊敗了董翳、司馬欣，佔據了整個關中。韓信則在接下來的一連串戰役中大放光芒，成為楚漢戰爭中最出色的名將。

後來，韓信榮歸故里，把鄉親們都找來了，對於曾對自己有過恩的那些人，他全都重重地獎賞。當年那個侮辱過他的人這時嚇得都快尿褲子了，生怕韓信殺了自己。韓信卻反而讓他當了個小軍官，還告訴其他人：「當初他侮辱我的時候，我是能殺死他，可那樣沒意義。我雖然忍受了一時的侮辱，可是卻成就了今天的事業。」

大家現在能明白韓信當時的選擇了嗎？他不是真的膽小，只是不想和無賴少年們糾纏。韓信一直不甘心混日子，希望能做出一番事業，他萬一忍不住真殺了對方，從此就得四處亡命，很難再出人頭地，所以當年他才甘願忍受胯下之辱。

棧道是甚麼樣的？

劉邦進入蜀地，走的是棧道。這是一種沿懸崖峭壁修建的道路。古代技術不發達，很難像現在這樣修盤山路，那樣工程量太大，於是便在山谷間的峭壁上面鑿出一個個深孔，然後往裏插進木椿，讓木椿一半懸空露在外面，再在這些木椿上鋪設木板，組成一條能走人過車的路。木板上面還要蓋上擋雨的頂。這樣的道路就是棧道。如今的陝西漢中還有「褒斜棧道」的遺址，木板木椿雖然早就腐爛了，但峭壁上仍然留存着一個個孔洞。

楚漢相爭

楚河漢界的由來 ●

　　大家應該知道象棋吧，整副棋盤分成兩邊，兩位棋手各佔一邊地盤，中間用一條「河」隔開，這條河就叫「楚河漢界」。那麼，你知道它是怎麼來的嗎？這要從劉邦和項羽說起。

　　前面說過，項羽滅秦之後分封諸侯，一共分封了十八位諸侯，可還剩下一個人很難處理，那就是他的上司楚懷王。楚懷王在項羽眼裏其實就是個擺設。項羽越看他越礙眼，先是逼他搬到湖南的郴（chēn，粵音心）縣（今湖南省郴州市），很快又偷偷害死了他。

　　這事剛完，項羽分封的諸侯們有好幾個都嫌自己地盤太小，又看鄰居不順眼，轉眼就打成一團。項羽其實也不想管這些破事，可他畢竟是天下諸侯的盟主，這種事要是不管，自己就沒威信了。所以他沒歇幾天又出征了，整天帶着軍隊東奔西跑，就像打地鼠一樣，這邊鬧起來去平定這邊，那邊鬧起來去教訓那邊，搞得自己焦頭爛額。

　　這時候，劉邦趁項羽無暇顧及自己，已經佔領了整個關中，開始向中原擴張。打到洛陽的時候，劉邦聽說了項羽害死楚懷王的事，馬上當着將士百姓號啕大哭，比死了爸爸都傷心。他下令全軍為楚懷王發喪，還派使者通知全天下的諸侯，說項羽殺了楚懷王，實屬大逆不道，號召所有諸侯一起討伐項羽。

大家是不是很奇怪，楚懷王和劉邦非親非故的，他死了，劉邦怎麼那麼傷心？其實劉邦一點都不傷心，他哭也好，給楚懷王發喪也好，全都是在演戲，演給諸侯和天下人看的。劉邦這時候實力是比以前壯大了，可比起項羽還是差得太遠，所以必須拉攏其他諸侯一起對抗項羽。如今項羽殺害楚懷王，剛好給了他一個再好不過的藉口，所以他才趁機在這件事上大做文章。

劉邦把「大家一起揍項羽」這個號召發出來，他和項羽就算是徹底鬧翻了。因為項羽號稱西楚霸王，劉邦號稱漢王，所以人們就把兩人爭奪天下的這段歷史稱為「楚漢相爭」。

一開始，項羽把劉邦打敗了好幾次。但是劉邦善於用人：蕭何坐鎮後方，源源不斷地把糧草和兵力運到前線，韓信在前線為他領兵，張良在身旁為他出謀劃策，還有曹參、樊噲、夏侯嬰等猛將負責衝鋒陷陣。所以無論項羽把劉邦打敗了多少次，劉邦都能東山再起。

反倒是項羽，只知道打仗，既不懂用人，也不注意拉攏其他諸侯。他身邊只有一個謀士范增，還不太受他待見。後來劉邦的謀士陳平用了個反間計，讓項羽對老范增起了疑心。范增既生氣又傷心，就辭職回老家了。他本來歲數就大，再加上心情不好，很快就生病去世了。

這麼打了幾年，項羽漸漸覺得有些吃力了。他和劉邦在廣武（今河南省滎陽市）的一條山澗旁對峙，項羽想來個痛快的，一個人跑到漢軍陣前叫陣，讓劉邦老小子出來，跟自己決鬥。劉邦歲數比項羽大很多，一對一哪是項羽的對手？十個劉邦都不夠項羽打的。不過他也不能輸面子，於是當着楚漢兩軍的面，把項羽臭罵一頓，列出他的十大罪狀：擅自殺宋義啦，火燒咸陽啦，殺害子嬰啦，坑殺秦軍啦，殺害楚懷王啦……

項羽聽得臉紅一陣白一陣，最後惱羞成怒，抄起弩機就朝劉邦射了一箭，射中了劉邦的胸口。劉邦疼得差點哭爹喊娘，但他反應很快，知道這是兩軍陣前，自己絕不能動搖軍心，趕緊假裝彎腰摸自己的腳，還故意大聲罵：「項羽這個惡賊，射中了我的腳趾！」其實他彎腰是為了不讓大家看到自己受的傷。

劉邦這下傷得不輕，天天躺在床上養傷。張良一看這可不行，這樣下去將士們會整天擔心，沒辦法好好打仗了。於是，他就勸劉邦硬撐着去視

察部隊。劉邦聽從了他的建議，裝成甚麼事都沒有的樣子，和將士們說說笑笑，將士們這才放下心來。好不容易回了營，劉邦一頭栽到床上，傷勢更重了，結果又休養了好久才痊癒。

不過這段時間，項羽的日子也越來越不好過。劉邦手下還有一位將領名叫彭越，他經常率軍騷擾項羽，讓楚軍的糧草非常吃緊。韓信一直單獨帶領一支軍隊，替劉邦打敗了好幾位諸侯，這時候也開始夾擊項羽。項羽思來想去，只好主動向劉邦提出休戰，雙方以廣武的「鴻溝」為界，鴻溝以西歸劉邦的漢軍，鴻溝以東歸項羽的楚軍，這就是「楚河漢界」的由來。

雙方約定休兵之後，項羽以為自己總算能喘口氣了，便領兵向東撤退了。劉邦本來也想撤回關中，但張良、陳平都勸他，這時候再不堅持一下，以後能不能打敗項羽可就難說了。劉邦覺得有道理，便撕毀了和約，重新向東進攻項羽，還命令韓信、彭越一起進兵。一場決定天下命運的曠古大戰，就這樣再次打響了。

鴻溝是一條運河

鴻溝雖然因為楚漢戰爭出了名，但其實早在戰國時就有了。它是魏惠王修建的一條運河，起點是廣武，中間還路過大梁，全長近千里。鴻溝最重要的作用是連通黃河和淮水。當時的人們要從西面的咸陽出發走水路，可以先從渭水進入黃河，再從黃河進入鴻溝，之後或者進入濟水去山東，或者進入淮水去江南，都很方便。

當時的世界

公元前 206 年，「楚漢相爭」開始。公元前 204 年，大西庇阿率羅馬軍隊在迦太基附近登陸，使得迦太基將軍漢尼拔不得不回軍救援。

項羽烏江自刎

西楚霸王的千古絕唱

　　大家聽說過「四面楚歌」這個成語嗎？它用來形容一個人走投無路，陷入了絕境。這個成語和「破釜沉舟」一樣，都出自項羽的故事。只不過「破釜沉舟」講的是「鉅鹿之戰」，是項羽一生中最輝煌的勝利；「四面楚歌」講的是「垓（gāi，粵音該）下之戰」，是項羽一生中最大的敗仗，也是最後一戰。

前面講過，劉邦聯合韓信、彭越，三路大軍圍攻項羽，雙方在垓下（今安徽省靈璧縣）展開決戰。相傳韓信佈下了「十面埋伏」，項羽的軍隊連戰連敗，好像掉進蜘蛛網的飛蟲一樣，越是掙扎，陷得就越深。最後，楚軍的糧食快吃光了，活着的士兵也沒多少了，失敗僅僅是時間問題了。

　　項羽沒想到，不久前自己還是天下的盟主，然而才過了幾年，自己就被逼到了如此絕境。一天晚上，項羽獨自在軍帳中坐到深夜，正想去睡覺，帳外突然隱約傳來了歌聲。項羽趕忙走到外面，這才聽出是楚地的民歌。

　　一片寂靜的深夜中，楚歌從四面八方響起，顯得格外淒涼。許多楚軍將士聽了，都忍不住跟着哼唱起來，想起遠在江東的故鄉。不少人心想，我們這些年跟着項王殺來殺去，到底有甚麼用？天下百姓都恨我們，盼着我們趕緊失敗，盼着漢王能打勝仗。我們戰死了都不會有人同情，還不如現在就回到江東，再也不打仗了。可話說回來，哪裏還回得去啊？他們都低下頭，默默哭起來。

　　其實，這楚歌是對面的漢軍唱的，張良把軍隊裏的楚人召集起來，讓他們把楚歌教給其他將士，然後在深夜裏一起唱起來，好瓦解楚軍的鬥志。這一招果然管用，楚軍的士氣愈發低落了。

　　項羽這時還不知道這是張良的計謀，非常吃驚，心想：「漢軍已經佔領整個楚地了嗎？他們怎麼這麼多楚人？」他回到軍帳，再也睡不着，只好起來喝悶酒。一個叫虞的美人經常陪在項羽身邊，歷史上常稱她為「虞姬」，項羽把她叫來一起喝酒。帳外還有一匹叫騅（zhuī，粵音錐）的駿馬，傳說牠全身都是黑色的，跑起來像一道黑色的閃電，所以也叫「烏騅馬」，項羽經常騎着牠行軍打仗。

　　帳外的楚歌讓項羽觸景生情，他邊喝酒邊唱：「力拔山兮氣蓋世，時不

利兮騅不逝。騅不逝兮可奈何，虞兮虞兮奈若何！」意思是：「我力氣大得能拔起山啊，氣魄蓋世；時運不濟啊，騅也不能跑了；騅都跑不了啊，還能怎麼辦？虞啊，虞啊，我該怎樣安頓你呢！」歌聲比外面的楚歌還淒涼，手下聽了都不禁落淚。

相傳，虞姬聽了這首歌，也和了一首：「漢兵已略地，四方楚歌聲。大王意氣盡，賤妾何聊生！」意思是：「漢軍已經把我們團團包圍，四面都響起楚歌。大王氣數已盡，我又怎麼能獨活呢？」為了不拖累項羽，虞姬拔劍自刎，軍帳裏濺滿了她的血。這就是「霸王別姬」的故事。

虞姬的死好像給項羽的傷口又撒了一把鹽，項羽悲痛不已，但也振奮起了精神，決定冒死突圍。他跨上烏騅馬，召集起八百多名騎兵，連夜突破重圍，向南飛馳而去。漢軍直到第二天一早才發現項羽逃跑了，劉邦趕忙派大將灌嬰率領五千騎兵去追擊。

項羽領着八百騎兵一路逃亡，不斷有人戰死或走失，最後只剩二十八個騎兵了。項羽勒住馬看看身後，漢軍騎兵正鋪天蓋地追殺過來，他覺得這回自己活不了了，於是對二十八名騎兵說：「我從起兵到現在有八年了，打過七十多場仗，沒人抵擋得了我，最終稱霸天下。可如今被圍困在這裏，今天我要和各位痛痛快快打上最後一仗，讓大家都知道，這是上天要滅亡我，不是我的錯！」

說話間，漢軍把項羽包圍起來，項羽把二十八名騎兵分成四隊，向四面突圍，約定在山的東面會合，然後自己大吼着策馬向前，一下就斬殺了一名漢將。漢軍被他這股一往無前的氣魄嚇住了，一愣神的工夫，項羽已經殺出了重圍。另一名叫楊喜的漢將趕緊領兵追趕，項羽轉頭一聲怒喝，好像晴空響起驚雷，楊喜嚇得差點從馬上栽下來，連人帶馬倒退了好幾步。

項羽繼續來回衝殺，又斬了漢軍的一個軍官，殺了百多個士兵，和自己的騎兵們會合後一清點人數，只少了兩個人。項羽問騎兵們：「我打得怎麼樣？」騎兵齊聲回答：「和大王說的一樣！」

最後，項羽逃到了烏江（今安徽省和縣東北）邊上。這裏有一位亭長，他聽說了項羽逃亡的消息，早就把一艘小船靠在岸邊等他。一看項羽

來了，他趕忙迎上去說：「江東雖然小，也足夠稱王了。大王您趕快渡江吧！這裏只有我這一艘船，漢軍就算追過來，也沒法過江。」

項羽這時已經甚麼都不在乎了，他搖搖頭：「上天要滅亡我，我還渡江做甚麼呢！再說，當年江東的八千子弟兵跟着我渡江西進，沒一個人回來，就算江東父老可憐我，讓我稱王，我哪還有臉去見他們？」他下了烏騅馬，把韁繩交給亭長說：「我知道你是好人，我騎這匹馬有五年了，牠一天能跑一千里，我不忍心殺了牠，把牠送給你吧。」項羽這樣其實就是交代後事了。他又轉頭叫所有騎兵都下馬，變成步兵。

漢軍騎兵殺過來了，無數鐵蹄揚起滿天的塵土，大地好像地震那樣在顫抖，銅鐵兵器閃爍着寒光，逐漸向他們逼近。項羽帶着最後的楚兵拚死抵抗，他一個人就殺了幾百個漢軍。可是後面的漢軍彷彿無窮無盡，項羽受了十多處傷，渾身都是鮮血，拚殺的動作越來越僵硬，眼看就要倒下了。

這時候，項羽忽然發現對面一個漢軍軍官很眼熟，遠遠地向他高喊：「你不是我的老朋友呂馬童嗎？」呂馬童有些不好意思，把項羽指給上司說：「他就是項羽。」項羽說：「我聽說劉邦懸賞千兩黃金、一萬戶封邑要我的頭，我讓你得了這重賞吧！」說完便把長劍橫在脖頸，自刎而死，鮮血流淌進烏江，染紅了江水。

項羽一死，剩下的楚軍羣龍無首，紛紛投降，劉邦很快就佔領了項羽的全部地盤。

消滅了項羽這個最大的對手後，劉邦建立了漢王朝。

當時的世界

公元前202年，「垓下之戰」，最終項羽兵敗自殺。大西庇阿率領羅馬軍隊在「札馬之戰」打敗了在西方有「戰略之父」之稱的迦太基名將漢尼拔。

穿越指南 ■■▶ 西漢

前面我們提到，有一個叫劉季的小子攻破咸陽，終結了秦朝。

後來，這個劉季改名劉邦，建立了一個新的王朝——漢朝。這個時候的漢朝，也稱為「西漢」。沒錯，其他民族常稱中原人為「漢人」，以及後來「漢族」這個稱呼的出現，淵源就是漢朝。

漢朝時的服飾，基本上與春秋、戰國、秦朝時沒有區別，依舊以深衣為主。唯一的變化就是，貴族和大臣為了顯示自己的身份，會穿一種袖口窄緊的袍服。他們還會在袍服內穿一種稱為「紈絝（wán kù，粵音元褲）」的絲質套褲。後來富貴人家遊手好閒、不務正業的子弟被稱為「紈絝子弟」，就是這麼來的。

漢朝時吃的大部分和秦朝也差不多。不同的是，有一個叫張騫（qiān，粵音軒）的人開闢了一條通往西域的道路，很多西域的水果、蔬菜就被帶到了中原，比如石榴、葡萄、青瓜、芫荽、歐芹，等等。

吃完東西以後，你該找點事情做了。

你可以考慮一下要不要領一些土地。因為之前長期打仗，大片土地無人耕種，漢朝建立後採取了休養生息的政策，將土地分給百姓，鼓勵大家耕種。當時的稅率很低，水車的發明也使得農田灌溉變得非常方便。

如果你問：「我不想當農民，可不可以做點別的呢？」可以的，當一個太學生就不錯。漢朝為了鼓勵大家學習，辦了很多學府，京城的稱為太學。太學裏面經常會有學者講課，講的主要是儒家經典。因為太學是官府辦的，所以太學生是不用交學費的。學成後，你可以選擇繼續研究經典，也可以選擇當老師，留在太學裏講課，或者去鄉裏的小學（平民入讀的學校）教小朋友。

如果你想要當官的話，必須要有人推薦。漢代為了讓平民子弟也可以當官，實行了察舉制，由地方官員選取當地的人才，推薦給上級或中央，中央經過考察後再任命合適的官職。所以，想當官的人除了好好學習以外，還要多注意自己的言行，多做些好事，獲得聲望，這樣才會被地方官員注意到，從而得到推薦。

你也可以選擇成為一個士兵，保家衞國。漢朝時，北部邊境經常受到匈奴的騷擾。投身軍營，從一個士兵做起，或許最終你會成為一個將軍，也未可知呢。

韓信之死

兔子死了，獵狗就沒用了 ・・・・・・・・・・・・・・・・・・・・・

　　大家都知道「漢」這個字，中國人口最多的民族是「漢族」，我們說的是「漢語」，這個「漢」正來自劉邦建立的漢朝。

　　劉邦消滅項羽之後，登基做了皇帝，建立漢王朝，定都長安（今陝西省西安市），史書上稱他為漢高祖。不過，和秦始皇的統一不一樣，當時除了劉邦這個皇帝，天下還有好幾位諸侯，有梁王彭越、淮南王黥（qíng，粵音鯨）布等人，共有七位諸侯王，其中勢力最大的就是楚王韓信。

　　當上皇帝之後，劉邦擺下宴席，與各位諸侯和功臣一起慶功。酒過三巡，劉邦給大臣們講自己成功的原因：「我自己其實沒甚麼本事，要說在軍帳中出謀劃策、決定千里之外的勝利，我不如張良；要說坐鎮後方、安撫百姓、提供糧草，我不如蕭何；要說指揮大軍，打仗必勝、攻城必克，我不如韓信。可是我能任用這三位人才啊。項羽本來就只有一個范增，還不能用，這是他失敗的原因。」

　　大家大概會覺得，劉邦把這三個人捧得很高，對他們一定也會很好吧？其實剛好相反，劉邦內心深處是很防備這幾位功臣的，尤其是韓信。韓信打過許多勝仗，能力最強，地盤和實力也最大。劉邦總覺得這位老戰友只要還活着，就可能威脅到自己的皇位。剛巧這時有人告發韓信想謀反，劉邦便假裝到楚地巡遊，準備趁機把韓信一舉拿下。

　　韓信也聽到了風聲。手下勸他：皇帝這麼逼您，您乾脆直接起兵得了，要不然也太虧了。可韓信覺得自己是清白的，不想起兵；他想去見劉邦，又怕被捉住。就這麼糾結了不知多久，韓信最後還是去了，結果劉邦馬上下令把他抓了起來。韓信這才醒悟過來，歎息說：「狡兔死，走狗烹；飛鳥盡，良弓藏；敵國破，謀臣亡。天下已定，我固當亨！」意思是：「兔子死了，獵狗就被煮來吃了；飛鳥全都被射殺了，好的弓就只能收起來了；敵國破滅了，出謀劃策的臣子就應該死了。現在天下已經平定，我是該被烹殺了！」

不過，劉邦到底還是怕百姓罵自己，沒敢殺韓信，只是把他改封為淮陰侯，留在長安，放到眼皮底下，自己親自監視他。而韓信就算是被關起來，還是很驕傲。有一次聊天，劉邦問他：「你覺得我能統率多少兵馬？」韓信回答：「陛下最多能統率十萬人。」劉邦又問：「那你呢？」韓信張嘴就回答：「我是越多越好。」這句話後來引申出一句俗語：「韓信點兵，多多益善。」

後來，有人起兵反叛，劉邦領兵去平叛，把韓信留在長安。皇后呂雉明白劉邦的心思：他早就想殺韓信，只是拉不下面子而已，於是決定一不做二不休，替劉邦背這口黑鍋。她讓丞相蕭何把韓信騙到未央宮，命武士捉住了他。

當年韓信從劉邦手下逃走，正是蕭何追回了他，韓信沒料到多年的老朋友會算計自己，臨死前歎息：「後悔沒聽謀士的計策，早早起兵反叛啊，結果被女子和小人欺騙，真是天意！」一代名將最終死於君王的猜忌。

劉邦回來後才得知韓信已死，心情非常複雜，雖然心裏踏實了，但又覺得很可惜。他繼續逐個收拾彭越、黥布等諸侯王。擊敗黥布後，他正好路過老家沛縣，順便把家鄉的父老們都召集起來吃飯。酒喝到一半，劉邦回憶起自己這輩子，非常感慨，隨口唱了一首歌：「大風起兮雲飛揚，威加海內兮歸故鄉，安得猛士兮守四方！」意思是：「大風颳起來了啊，天上的雲朵都跟着飛揚，我已經名震四海了啊，回到了故鄉，可哪還有猛將為我鎮守四方？」唱着唱着，劉邦自己也感傷落淚。

攻打黥布的時候，劉邦中了一箭，受了傷，回來的路上，他的傷勢越來越重。呂后請來醫生想為他治病，劉邦卻對醫生說：「我一個布衣平民，手提三尺劍取得天下，這輩子過得夠賺了，這就是天命！現在是上天讓我死，就算你是神醫扁鵲，又有甚麼用！」於是沒讓醫生給自己治病，賞了他不少錢，把他打發走了。

很快，劉邦就不行了。臨終前，呂后問劉邦：「等陛下不在了，相國蕭何要是也死了，誰能替他？」劉邦說：「曹參可以。」呂后又問：「曹參之後呢？」劉邦說：「王陵、陳平可以。另外，周勃為人穩重，雖然沒文

化，但最後安定劉氏天下的一定是他。」呂后又問：「這些人之後呢？」劉邦說：「那就不是我們能知道的了。」

不久，劉邦就在長樂宮去世了。他也許沒想到，自己剛死，朝廷裏就發生了一番新的動亂，最後果然是周勃重新安定了劉氏天下。

知識加油站 制度

白馬之盟

劉邦建立漢朝後基本沿襲秦朝的制度，但是在保證權力掌握在自己手裏的同時，又採用分封制，封了一大批諸侯王。漸漸地，劉邦開始擔心這些諸侯王會謀反，便以各種方法消除這些諸侯王的勢力。韓信被殺就是個例子。

在消除這些諸侯王勢力後，劉邦將劉氏子孫封到各地為諸侯王，並殺了一匹白馬，與大臣們立下盟約：「非劉氏而王者，天下共擊之；若無功上所不置而侯者，天下共誅之。」意思就是說：「如果不是劉姓子孫，膽敢稱王，大家可以共同出兵討伐他；如果沒有功勞而被封為侯的，大家可以共同殺了他。」這就是「白馬之盟」的故事。

白馬之盟使得權力牢牢掌握在皇室成員的手裏，非劉氏子孫即使功勞再大，最高也只能封侯，無法動搖皇室的勢力。

當時的世界

公元前202年，劉邦建立了西漢王朝。公元前201年，羅馬打敗了迦太基，第二次「布匿戰爭」宣告結束。

呂后亂政

皇帝背後的「虎媽」 ·······················

你們的爸爸媽媽對你是嚴厲還是溫和？大家肯定更喜歡脾氣好的父母，可是漢惠帝劉盈就很倒霉，他爸爸是出了名的不靠譜，媽媽又是個兇悍的「虎媽」。

劉盈的父母，正是劉邦和呂雉。劉邦作為丈夫和父親，算是差到家了。他經常一打敗仗就丟下老婆孩子自己逃跑。和項羽打「彭城之戰」的時候，劉邦被項羽騎兵追得太急，他為了逃得更快些，居然一腳把幼小的劉盈踢下車去，幸虧駕車的大將夏侯嬰不忍心，又停車下去把孩子抱了上來。後來呂雉、劉盈落入項羽手裏，被關了好久，差點沒了命。有這麼個不可靠的爹，劉盈小時候沒少吃苦受怕，童年過得非常淒慘。

更糟的是，劉邦後來又娶了一個姓戚的美人，這就是戚夫人。劉邦和她生了另一個兒子劉如意，還把劉如意封為趙王。時間一長，他越看劉盈越不滿意，覺得劉盈太老實、膽小，要是真當了皇帝，以後肯定鎮不住大臣們。其實劉盈有劉邦這樣的爹和這樣不幸的童年，能膽大得起來嗎？但是劉邦想不到這點，他就是不喜歡劉盈，覺得劉如意天不怕地不怕的，和自己年輕時挺像，於是有了廢掉劉盈、改立劉如意為太子的打算。

劉邦有了這個打算，劉盈還沒怎麼樣呢，他媽媽呂雉先不滿了。劉邦打天下的時候，呂雉出過不少力，她家本來就很有勢力，兩個哥哥呂澤、呂釋之都是劉邦手下的大將。漢朝建立後，呂氏在朝廷中勢力不小。呂雉聽說劉邦想立劉如意當太子，當然是絕不答應！

呂雉馬上開始謀劃。朝廷裏不少重臣都支持她，反對廢掉劉盈，其中最重要的大臣就是張良。呂雉通過張良，特意給劉盈請來了幾位「家庭教師」，他們是在商山（今陝西省商洛市商州區東南）隱居的四位賢士，在當時很有名望，被稱為「商山四皓」。

呂雉故意讓四個老頭跟着劉盈去見劉邦。劉邦一見到他們，吃了一

驚，沒想到太子能把他們請出山。他知道太子的勢力已經非常強大，就算是自己這個皇帝也動不了了，只好放棄改立太子的打算。他把這事跟戚夫人一說，戚夫人好像被迎頭潑了一盆冷水，她擔心劉邦死後，呂后會迫害自己和劉如意，傷心得哭起來。劉邦也沒辦法，安慰了戚夫人半天，讓她跳起楚舞，自己一邊觀賞一邊唱楚歌，心裏滿是傷感。

劉邦死後，劉盈繼位，他就是漢惠帝，不過實權仍然掌握在太后呂雉手中。

可想而知，厄運很快就降臨到戚夫人母子的頭上。劉邦死了，戚夫人的靠山沒了，呂后下令把戚夫人關進永巷，剃光了她的一頭長髮，罰她整天舂（chōng，粵音鐘）米。戚夫人哪做過這樣的苦差事？她一邊舂米一邊唱：「兒子當君王，母親成俘虜，隔着三千里，誰能告訴你！」呂后聽了更是怒火中燒，下令把劉如意從封地召到長安，準備找機會害死他。

劉盈知道母親的打算，他很善良，雖然劉如意對他的皇位有過威脅，但他還是想要保護這個異母弟弟。劉如意快到長安的時候，劉盈故意親自前去迎接，把劉如意接回宮裏，兩人平時吃住都在一起，呂后一直找不到下手的機會。可是劉盈還是疏忽了一回，一天早晨他出去打獵，劉如意睡懶覺沒跟着去，呂后得到消息，趕緊派人給劉如意送去一杯毒酒，毒死了他。劉盈回來一看，弟弟已經死了，傷心得不得了。

緊接着，呂后又開始殘害戚夫人。相傳她把戚夫人弄成了重度殘疾，起了個名字叫「人彘（zhì，粵音自）」，意思是豬一樣的人，還把劉盈叫去參觀。劉盈一開始不明白怎麼回事，等得知眼前的怪物就是戚夫人，頓時嚇得放聲大哭，從此生了病。他實在受不了母親的殘忍行為，卻又沒能力反抗，於是派人轉告呂后：「你做出如此殘暴的事，我是你的兒子，沒臉再做這個皇帝了。」從此天天喝酒享樂，不理朝政，年紀輕輕就病死了。

呂后沒想到兒子這麼快就死了，只好立劉盈的兒子劉恭為皇帝，自己繼續把持朝政，又大封呂氏子弟為王。一時間，呂氏權傾朝野，劉氏宗族和大臣們都敢怒不敢言。

呂后也知道，呂氏相當於奪了劉氏的天下，很多人恨他們家。把持朝

政多年後，呂后在臨死前告誡兩個姪子呂祿、呂產，自己死後劉氏很可能要發動叛亂，讓他們控制好軍隊，不要離開皇宮給自己送葬。

　　果然，呂后一死，曾經跟着劉邦打天下的兩位老臣周勃、陳平就聯合劉氏宗族，一同鏟除了呂氏一黨，立劉邦的兒子代王劉恆為帝，他就是漢文帝。

　　天下很快就將迎來「文景之治」的穩定時期。

甚麼叫「舂米」？

　　大家吃的米飯，一粒粒都是雪白晶瑩的，但它剛長出來時都藏在殼裏，這就是稻穀。古時候，人們想要吃大米，要先把稻粒曬乾，放進石頭製成的外形像一個碗的「臼」裏，再用一根很粗的棍子「杵」一下一下地搗這些稻粒，一點點把大米的外殼脫去。這樣的工作非常慢也非常累，當時一般都是刑徒來做，專門有一類刑徒就叫「舂」。「杵」和「臼」當時也很常見，所以經常被用作人名，比如《趙氏孤兒》的主角就叫公孫杵臼。

當時的世界

　　公元前180年，「諸呂之亂」結束。同一時期，古印度「孔雀王朝」的一名將軍普士亞密多羅・巽伽奪取王位，建立「巽伽王朝」，並復興了一度衰落的婆羅門教。

緹縈救父

來自小女孩的一封信 ·····················

你們的爸爸媽媽有沒有遇到難題的時候？他們要是犯了愁，你們有甚麼辦法能幫他們嗎？估計大部分小朋友都幫不上忙。不過西漢時期，還真有一個小女孩幫了父親的大忙，並且最終救了父親。

這個女孩叫淳于緹縈，她父親淳于意是個地方官，被人告發受賄，要被押送到長安接受肉刑，也就是把違法的人弄成殘疾。受了這樣的刑，不光是當時疼，以後一輩子都不能正常生活了，所以是很重的刑罰。

淳于意想到自己要是真受了刑，以後要麼沒鼻子，要麼沒腳，別提多絕望了。他沒有兒子，只有五個女兒，她們給爸爸送別的時候，一個個都哭得很傷心。淳于意本來就很鬱悶，看到她們哭，心情更糟了，發牢騷說：「生你們這些女兒真沒用，遇到困難沒一個能幫上忙！」

最小的女兒緹縈聽了爸爸的話，既傷心又不服氣：憑甚麼男人能做的事，女子就不能做？當即要求：「我也要跟着爸爸去長安！」淳于意一開始覺得女兒在胡鬧，可緹縈堅持要去，淳于意拗不過女兒，還是帶着她一起上路了。

緹縈一路照顧爸爸，好不容易到了長安，淳于意被關進了大牢。緹縈特別想救爸爸，於是壯着膽子給漢文帝寫了一封信，信上說：「我父親當官的時候，大家都稱讚他廉潔公平，如今他犯了法該受刑，按說沒甚麼可抱怨的，我只是悲傷，死了的人不能復活，受了肉刑的人不能把被砍掉的手腳連起來，就算想改過自新也不可能了。現在我願意被收入官府當奴婢，來為父親贖罪，好給他一個改過自新的機會。」

這封信還真送到了漢文帝手裏。漢文帝是一位非常為百姓着想的皇帝，緹縈的話讓他深受觸動，便下命令說：「古代的君王把天下治理得非常太平，有了罪犯，只給他穿上囚服作為懲罰。如今有了肉刑，卻還是不能禁止那些違法的事，這是因為我這個皇帝沒能力。那些受刑的人就算想

要改過自新也不可能了，我覺得這些人很可憐，應該廢除肉刑。」

皇帝下了命令，大臣們當然趕緊商量怎麼改，最後建議：被判割鼻子的，改為用竹板打三百下；被判砍腳的，改為用竹板打五百下；那些被罰為刑徒的，也降低了勞動量，或者縮短了刑期。漢文帝同意了。

這樣一來，緹縈成功地救了她的父親。後來淳于意被從牢裏放出來之後，覺得好像重獲新生一般，對自己這個小女兒讚不絕口。後來，淳于意成了一名醫生，治好了很多病人。

不過，減免肉刑的政令推行一段時間後，又出現了新問題，比如本來應該斬腳、當刑徒的罪犯，換成了用竹板打幾百下，可是大部分人根本挺不到竹板打完就被活活打死了，相當於變相加重了刑罰。

於是，漢文帝的兒子漢景帝即位後，又進一步減少了打板子的數量，還限制了行刑時竹板的尺寸，並且規定只能打屁股；在行刑過程中，打板子的人也不能換。在這之後，打死人的情況才大大減少。

除此之外，漢文帝、漢景帝在位期間，注重休養生息，使得從秦末就被嚴重破壞的經濟恢復了過來，百姓們過上了好日子，國庫也積累了足夠多的糧食和錢。糧倉裏面，新穀子壓着陳穀子，多得一直堆到了倉外；府庫裏面也堆滿了銅錢，因為好多年都不用，穿錢的繩子都爛了，散錢更是多得無法計算。史書上把這段時期稱為「文景之治」。

美觀又環保的長信宮燈

漢景帝有一個兒子叫劉勝，封為中山靖王，正是《三國演義》裏劉備的那位祖先。1968年，在河北省滿城縣發現了他的墓葬。墓中出土了一盞極為精美的銅燈，它的外形是一位跪坐的宮女，宮女的身體是中空的，可以向裏面灌水。宮女左手舉着燈，右手衣袖和燈連在一起。點燈時，油煙會順着袖管進入宮女的身體，又被水吸收，這樣不會污染空氣，可以保持室內清潔。

當時的世界

緹縈救父發生在公元前167年。也就在這一年，漢文帝下詔免除百姓的租稅，實行了一系列休養生息的政策，使國家恢復了繁榮。此時的歐洲一直處於戰爭之中。

七國之亂
一局棋鬧出的戰爭 ⋯⋯⋯⋯⋯⋯⋯

　　大家有沒有想過，古代沒有智能電話、電腦、電視，古人都能玩甚麼？其實他們能玩的的確不多，其中最受歡迎的是一種叫「六博」的棋。這種棋下起來非常刺激熱鬧，人們玩的時候經常大呼小叫，又是拍手又是跺腳，也很容易吵起來，甚至動手打架。年輕時候的漢景帝劉啟就因為下棋鬧出過人命。

　　劉啟是漢文帝劉恆的兒子。他做太子的時候，西漢王朝仍然有許多諸侯國，諸侯王都是皇帝的兒子、兄弟、叔叔、姪子之類。這天，吳王劉濞（pì，粵音屁）的兒子劉賢來長安朝見皇帝，辦完公務閒着沒事，就和劉啟下起了六博棋。

　　下着下着，兩人就吵了起來，本來也不是甚麼大事，大家平時也難免和小夥伴吵架。可他們倆不一樣，都是血氣方剛的年輕人，又喝了不少酒，酒勁一上來更是紅了眼。劉啟拿起棋盤，照着劉賢的腦袋「呼」的就是一下子，偏偏那棋盤是硬木做的，砸起來威力非常大，一下把劉賢打死了。

　　大家要是闖過禍，估計能體會到劉啟當時快嚇傻了的心情。劉啟這禍闖得實在太大了，鬧出了人命，並且得罪了劉賢的父親——吳王劉濞。

　　吳王劉濞是勢力最大的諸侯王，沒有之一。他治理的吳國非常富有，劉濞也一直很有野心，連漢文帝都不敢輕易招惹他。

　　漢文帝看兒子惹了這麼大的禍，脾氣再好也忍不住了，氣得把他臭罵一頓。可劉賢已經死了，無論怎樣也沒法補救了，漢文帝只能下令把劉賢的遺體送回吳國，又向吳王劉濞道歉。

劉濞一見兒子的遺體，又是傷心又是憤怒，可殺人的是太子，自己沒法撕破臉，只能賭氣地放下一句：「我兒子也是劉氏，宗室子弟死在長安就該葬在長安，何必送來吳國下葬！」拒不接受兒子的遺體，非要運回長安下葬。漢文帝也是心裏有愧，只好同意。吳王劉濞還是不消氣，他從此藉口自己有病，不再入朝拜見皇帝。

後來，劉啟登上皇位，就是漢景帝。這時諸侯王的勢力越來越大了，於是他召集大臣們商議，如何削弱諸侯王的勢力。沒想到剛開始商議，吳王劉濞就聽到了風聲，他心想，反正早晚要和皇帝打起來，自己乾脆先下手為強！於是派使者和其他諸侯王串聯。諸侯王們一拍即合，很快，吳王劉濞就和其他六位諸侯王共同起兵，反叛朝廷。歷史上把這次叛亂稱為「七國之亂」。

七國的兵馬來勢洶洶，漢景帝一時措手不及。起初他還心存幻想，殺掉了建議自己「削藩」的大臣晁錯，企圖以此平息叛亂。可他的退讓反而讓諸侯王們更加氣焰囂張。眼看叛軍聲勢越來越大，漢景帝想起一個人來，這人就是大將周亞夫。

周亞夫的父親周勃平定過「呂氏之亂」，周亞夫也繼承了父親的軍事才能，治軍嚴明。當年，漢文帝去各軍營巡查，前兩座軍營的守將一見是皇帝，全都恭恭敬敬迎進來，只有周亞夫的細柳營要求檢查漢文帝的符節，而且不許皇帝駕車快跑。周亞夫出來迎接時，因為穿着盔甲行動不方便，沒有跪拜，只向皇帝行了軍禮。漢文帝因此很欣賞周亞夫，臨終前囑咐兒子漢景帝：「危急時刻，可以讓周亞夫領兵。」這就是細柳營的故事。

漢景帝任命周亞夫為將，讓他帶兵出征。當時支持朝廷的梁王劉武正被叛軍圍困，屢屢向朝廷求救，漢景帝想讓周亞夫去救梁王，周亞夫卻故意按兵不動，只是不斷打探軍情，哪怕漢景帝派出使者催戰，他也拒絕奉命行事。直到叛軍圍攻梁王筋疲力盡後，他才派兵切斷了叛軍的糧道。叛軍糧草斷絕，很快就餓得不行了，又想趁夜去偷襲，周亞夫卻算準他們進攻的方向，早就佈下了重兵防守。叛軍被打得大敗，要麼投降要麼逃跑，周亞夫一下子就解了梁王的圍。

在這之後，周亞夫節節勝利，只用了三個月就平定了「七國之亂」。帶頭的吳王劉濞逃到東越，東越王此時早就歸順了漢朝，趁機殺了劉濞，把他的人頭獻給了漢朝，天下又重新安定下來。

知識加油站 文化

六博棋怎麼玩？

六博棋有點像現在的軍棋，雙方各有六枚棋子，一枚大棋「梟」、五枚小棋「散」，雙方通過輪流投箸（刻有不同數字的小竹管，用途相當於現代的骰子），來決定各自走的步數，按照棋盤畫好的線來走棋，吃掉對方的「梟」就算勝利。

當時的世界

公元前154年，「七國之亂」。西班牙各部落為了反抗羅馬人的殘暴統治，紛紛起義。

馬邑之謀

一場失敗的伏擊戰 ....

　　前面提到過，匈奴是戰國後期出現在北方草原上的游牧部族，經常南下騷擾中原百姓。秦始皇為抵禦匈奴修建了萬里長城，大將蒙恬也打敗過他們。可是隨着秦朝的滅亡、「楚漢戰爭」的持續，匈奴又重新強大起來。

　　劉邦建立西漢後，也和匈奴人打過仗，結果在白登山被圍了七天七夜，後來靠着賄賂冒頓（mò dú，粵音默獨）單于的妃子才得以解圍。呂后當權的時候，冒頓單于更加囂張，給呂后寫信說想娶她做老婆。呂后看了這信氣壞了，可那時漢朝打不過匈奴，只能忍氣吞聲。從那以後，漢朝皇帝只能把公主送到匈奴去和親，還得送去大批的糧食、布帛等物資，就好像交「保護費」一樣。

後來，漢景帝去世，他的兒子劉徹即位，歷史上稱為「漢武帝」，史書上經常把他和秦始皇相提並論，稱為「秦皇漢武」。漢武帝即位時只有十六歲，正是血氣方剛的年紀，他一想起匈奴做過的事就生氣，尤其是劉邦被圍白登山、呂后受到書信侮辱這兩件事。他決心要打敗匈奴，這時大臣王恢獻上了一條計策。

王恢的計策是這樣的：和親這麼多年，匈奴人對漢朝的提防之心想必已經有所鬆懈了，我們可以藉口獻出邊境一座重鎮馬邑（今山西省朔州市），再設下埋伏，等匈奴單于進入埋伏圈，就把他們一網打盡。漢武帝覺得這個計策非常好，尤其是馬邑離當年劉邦被圍的白登山不遠，如果能在這裏捉住匈奴單于，可謂意義重大，報仇可以報得更痛快，於是批准了這個計策。

一支漢軍重兵在馬邑附近的山谷埋伏下來，由大將韓安國統領；王恢率領另一支漢軍，負責斷掉匈奴人的後路；馬邑的一位富商聶壹則率領一支商隊，滿載着各種珍奇貨物，

前往匈奴去見單于，騙他說：「我願意潛入馬邑殺掉縣令，然後打開城門，到時候匈奴大軍長驅直入，就可以奪取這座城了。」這時匈奴的首領是冒頓的孫子軍臣單于，他腦子比爺爺差得遠，一聽說有這樣的便宜，那還不佔？於是特別痛快地同意了。

聶壹把貨物都留給匈奴人，自己回去了，沒過多久就傳來消息：他已經殺了縣令，就等匈奴人進城了。軍臣單于也沒多想，就率領着大軍南下了。

可是走着走着，軍臣單于覺得有些不對勁，自己聲勢這麼浩大，這一路走來怎麼不見漢軍？漢人就算遲鈍，也不應該這麼久都不見人影啊。正好他的手下抓到了幾個漢軍俘虜，軍臣單于一審問才知道漢軍的打算，頓時嚇出一身冷汗：這世上果然沒有天上掉餡餅的好事。他趕緊下令全軍掉頭，又回到了北方草原。

馬邑附近的山谷裏，韓安國他們還眼巴巴等着匈奴人自投羅網呢，等了好幾天都不見動靜，派出手下一偵察才知道，匈奴人眼看就要進埋伏圈，卻聽到風聲掉頭跑掉了，因此漢軍一個個都很懊喪。

消息傳到長安，漢武帝氣壞了，這次費了那麼大的勁，花了那麼多的錢，還是讓匈奴人逃掉了。他最氣的就是王恢。本來按計劃，匈奴人進了埋伏圈之後，王恢應該進攻他們的後衛部隊，可後來匈奴人掉頭就走，雙方兵力差太多，王恢不敢貿然出兵，只好眼睜睜放他們跑路。漢武帝覺得，這次的「馬邑之謀」本來是你王恢提出的，可是真打仗的時候你又按兵不動，膽子也太小了。王恢聽了漢武帝的話，非常羞愧，他知道自己論罪也是死，乾脆拔劍自刎了。

「馬邑之謀」失敗了，不過漢武帝並沒有泄氣，很快他又開始策劃對匈奴的新戰爭。這次他得到了一位名將，使得他取得了對匈奴戰爭的勝利。這位名將是誰？我們後面會講到。

匈奴人的游牧生活

匈奴人是游牧民族，平時不定居、不耕種，以打獵和放牧為生，吃牲畜的肉，喝牛奶、馬奶，穿皮革製成的衣服，哪裏的牧草和水源多就住在哪裏，沒了水草就遷徙到別處。

他們人人都擅長騎馬射箭，很小的時候就開始練習騎羊，拉弓射麻雀、老鼠等小動物，稍長大些就去射狐狸、兔子。匈奴人打起仗來也很靈活，局勢有利就進攻，局勢不利就後退逃跑，也不覺得羞恥。這種游擊戰的方式一直很讓中原王朝的軍隊頭疼。

當時的世界

公元前133年，「馬邑之謀」。古城阿斯班多斯成為羅馬的領地，那裏至今保留着一座半圓劇場，以及給城中供水的古羅馬水道橋。也是這一年，保民官提比略・格拉古因土地改革招來元老院貴族們的仇恨，被他們刺殺了。

張騫出使西域

水果，全靠他開路

　　我們在日常生活中會吃到各種蔬菜、水果，可是大家也許不知道，它們當中有許多都是古代從國外傳來的，比如葡萄，吃起來酸甜可口，曬乾成葡萄乾更甜，還可以釀葡萄酒。可你要是生活在漢代以前，肯定吃不到它，因為葡萄並不是中國土生土長的水果。如今我們能吃到葡萄，要感謝一位西漢時期的冒險家。

這個冒險家叫張騫，是漢武帝時期的人。當時漢武帝準備攻打匈奴，又擔心實力不夠。這時候他聽説，匈奴人和一個叫「月氏（yuè zhī，粵音乙支，今阿富汗北）」的國家打過仗，殺了他們的國王，月氏人打不過匈奴，只能逃向西邊。漢武帝便想派人出使那裏，聯合月氏人兩面夾擊匈奴。可是有一個問題：想去月氏必須經過匈奴境內，萬一被匈奴人捉住就完蛋了，所以這是一項危險的任務。

漢武帝最後把這項任務交給了張騫，還給他派了一個叫堂邑父（甘父）的匈奴人當翻譯和嚮導，兩人帶着一百來人的使團出發了。結果還沒走多遠，他們就被匈奴人捉住，帶到了單于面前。單于聽説了張騫出使的目的，當然不接受了，不過他倒也沒殺張騫，只是把他扣留了下來。

這一扣就扣了十來年。匈奴人其實對張騫還不錯，給他娶了個匈奴妻子，兩人還生了個兒子。匈奴人覺得，張騫都在這裏安家了，又住了這麼多年，也該認命了，逐漸放鬆了對他的看管。可他們不知道，這十來年裏，張騫沒有一刻忘記自己的使命，一直偷偷留着朝廷頒發給自己的符節，因為這象徵着自己漢使的身份。後來他終於等到機會，和堂邑父他們一起逃出了匈奴部落，連老婆孩子都不要了。

逃亡這一路十分荒涼，別説看不到人家，連鳥獸都不多。不知大家有沒有過徒步的經歷，可以想像一下自己夏天在大太陽底下走一下午卻沒水

喝的感受，或者冬天吹一天冷風，回家還沒飯吃的感受。張騫他們的遭遇比這還苦，他們有時走在戈壁灘（沙漠）上，頭頂的烈日好像連石頭都能熔化掉，滾滾熱浪經常熱得人透不過氣來；有時又要翻越崇山峻嶺，在白雪皚皚的山脊上跋涉，刺骨的寒風恨不能直接把人吹進峽谷；路上還經常斷糧。幸好堂邑父箭術非常高超，每次打獵都能打來一些飛禽走獸，勉強不會餓死。

就這樣飢一頓飽一頓地往西走了幾個月，張騫他們一個個蓬頭垢面、衣衫襤褸，好像一羣乞丐，最後總算來到一個叫大宛的陌生國度（今哈薩克斯坦境內）。張騫對大宛國王講述了自己的來歷。大宛國王早聽說過漢朝的富強，見了張騫特別高興，很痛快地表示，願意幫張騫去月氏。在大宛國的護送下，張騫先是來到了康居〔今哈薩克斯坦巴爾喀什湖和鹹海之間，首都卑闐（tián，粵音田）城，位於今哈薩克斯坦巴爾喀什湖西南、錫爾河北突厥斯坦〕，然後又來到了月氏。

這時的月氏和原先大不一樣了，他們定居的這片土地很富饒，周圍也沒甚麼敵人，日子過得挺舒服，月氏人也懶得再向匈奴人復仇了。張騫在這裏住了一年多，浪費了無數口水，還是沒有說服月氏人和漢朝結盟，他實在沒辦法，只好收拾行李回中原了。

這次回去又要經過匈奴人的地盤，張騫特意換了一條路線，沒想到還是被匈奴捉住了。匈奴人很生氣：你在我們這裏白吃白住這麼多年，還娶了我們的女人，結果一有機會就拍拍屁股跑路了，這回又落到我們手裏，無論怎樣都別想跑了。他們又把張騫扣留下來。

這一次，張騫以為自己這輩子都回不去中原了，沒想到老天開眼，他剛被匈奴人扣押了一年多，單于去世了，匈奴貴族們開始爭奪起王位，張騫乘亂帶着妻子和兒子逃掉了。

張騫往南走了好多天，終於又望見了長安的壯麗宮闕，這時距他離開這座城市已經整整十三年了，當年和他一起出使的一百多人，只剩下他和堂邑父兩個人回來。

漢武帝本來對張騫的出使已經不抱任何希望了，張騫的歸來讓他又驚又喜。張騫向漢武帝講述了自己去過的大宛、大月氏、大夏、康居等許多西域國家的風土人情。

後來，張騫又先後出使了烏孫、大宛、大月氏、大夏等許多西域國家，很多國家從此向漢朝納貢稱臣，漢人和西域國家也從此有了貿易往來。很多西域的蔬菜、水果傳進中原，比如葡萄，當時叫「蒲桃」；原產自伊朗的核桃，當時叫「胡桃」；還有叫「胡麻」的芝麻，以及石榴、青瓜、大蒜、紅蘿蔔、芫荽等。中原的絲綢也傳到了西域，甚至傳到了歐洲，這就是「絲綢之路」的由來。

西域在哪裏？

請大家打開地圖，找到甘肅省，你會發現這個省的外形是一個細長條，細長條的西端有兩個關口——玉門關、陽關。順着玉門關、陽關再往西就是新疆。當時漢朝人把陽關、玉門關以西，也就是現在的新疆和更遠的廣大地區稱為「西域」。

當時的世界

公元前 167 年，猶太人發動「馬加比起義」，對抗希臘塞琉古王國，解放了耶路撒冷，建立了「哈斯蒙尼王朝」，並設立了光明節以紀念這一勝利。公元前 164 年，出使西域的張騫出生。

衞青和霍去病

痛擊匈奴的兩位名將 ··

　　雖然在「馬邑之謀」中成功逃脫了，但是受騙上當的匈奴人還是很生氣，準備大舉進攻中原。漢武帝也早就等着這一天，立刻下令全國做好準備，漢朝與匈奴長達幾十年的大戰就此打響。在這一系列大戰中，衞青、霍去病正是漢朝湧現出來的名將中最出色的兩位。

　　衞青出身非常低微，是漢武帝的姐姐平陽公主家的一個奴僕，他有個姐姐名叫衞子夫，是平陽公主家中的歌女，長得漂亮，又能歌善舞。有一天，漢武帝來姐姐家做客，見到了衞子夫，馬上被她迷住了，很快把她召進宮裏，衞青也跟着被選入宮中當侍衞。經過一段時間了解，漢武帝發現衞青很有軍事才能，於是接連破格提拔他，讓他當了將軍。

　　這在當時是非常有爭議的一個決定，大臣們都非常不爽：這麼個奴僕哪配當將軍？哪配和我們平起平坐？不就仗着有個漂亮的姐姐嗎？皇帝太偏心了！衞青這時候的處境，就好像班裏不受關注的學生突然被班主任任命為班長一樣，其他同學能服氣嗎？

　　衞青也知道大家怎麼看待自己。他既感激漢武帝，也怕自己表現不好辜負了漢武帝的信任，所以暗暗下了決心，一定要打勝仗，既報答皇帝的信任，也讓那些看不起自己的大臣無話可說。

　　漢朝與匈奴開戰了，漢軍兵分四路，衞青是最後一路的主將。這一戰漢軍打得並不好，有兩路打了敗仗，還有一路迷路了，沒遇到匈奴人，只有衞青打了勝仗。他率領騎兵深入匈奴的腹地，一直打到了匈奴人平時舉行祭祀大典的聖地——龍城，斬首七百敵軍。這下，漢武帝高興壞了，那些看不起衞青的大臣們也無話可說了。

　　之後的很多年裏，衞青率領漢軍一次又一次地大勝匈奴人。有一次他去偷襲匈奴人的右賢王，右賢王以為漢軍距離還遠，不可能這麼快打過來，還整天在大帳中喝酒享樂。沒想到這一晚，漢軍騎兵突然包圍了匈奴

人的營地，右賢王大驚失色，只得帶上一個妃子和幾百名騎兵，連滾帶爬地匆匆向北逃亡。

後來，衛青的外甥霍去病也當上了將軍，這回朝中爭議更大了。霍去病當時才十八歲，根本就是個大孩子，平時也是自由散漫。有一次漢武帝勸他學學兵法，霍去病卻回答：「打仗只看整體戰略就夠了，真正打起來得隨機應變，學古代兵法沒甚麼用。」大臣們都覺得這小子太囂張了，打起仗來能讓人放心嗎？可是漢武帝有了前面衛青的例子，信心更足了，他堅持把霍去病任命為剽姚校尉，還給他配備了八百名精銳騎兵，讓他跟着舅舅衛青一起出征。

果然，霍去病的部隊成了漢軍最鋒利的一把尖刀。他經常拋開大部隊，不帶糧草輜（zī，粵音之）重（古代負責後勤補給、支援的人員、裝備和車輛），統領着騎兵長驅直入，好像閃電或者狂風那樣從草原和大漠上掠過，突然出現在匈奴人面前，把他們打得滿地找牙。匈奴人也對霍去病又敬又怕，編歌謠唱道：「亡我祁連山，使我六畜不蕃息。失我焉支山，使我婦女無顏色。」祁連山是匈奴人的牧場，霍去病奪走祁連山，匈奴人沒地方放牧了；焉支山盛產紅藍花，是製作胭脂的原料，沒了這座山，匈奴女子也沒法用胭脂了。那些看不起霍去病的大臣們又一次沒話說了。

憑藉一連串軍功，衛青、霍去病都被漢武帝封了侯。衛青被封為長平侯，霍去病被封為冠軍侯。衛青封侯之後更加謙虛，漢武帝想把他三個年幼的兒子也封侯，衛青堅決推辭：「我打了勝仗，靠的是陛下的威勢，也是靠將士們拚死作戰，您已經獎賞了我，可我的兒子們年紀還小，根本沒有功勞，不應該封侯啊！」

霍去病則還是雄心勃勃的樣子，根本沒心思考慮私事。漢武帝曾為他建了一座豪宅，霍去病根本不想住，他說：「匈奴還沒消滅呢，我不能只想着自己安家。」後來「匈奴未滅，何以家為」就成了一句常用語，表明一個人很有志向，不是只想着個人的幸福。

衛青、霍去病聯手的最輝煌一戰，就是「漠北之戰」。之前匈奴人連吃敗仗，已經龜縮到了荒涼的漠北，伊稚斜單于和部下都知道，這次絕對

不能再輸，如果再打敗仗，匈奴人就只能繼續往沙漠裏逃，天天吃沙子喝風了。

兩軍很快相遇了。衞青下令把所有戰車擺成一圈，作為漢軍的營地，讓將士們躲在裏面休息，就像躲進堡壘一樣安全。然後他派出五千精銳騎兵作為先鋒，和匈奴人交手。茫茫大漠裏，漢軍和匈奴人都殺紅了眼，一個騎兵倒下去，更多的騎兵衝上來，到處是人喊馬嘶聲、刀劍碰撞聲。鮮血把黃沙染成了紅色，屍體層層疊疊堆成了山。

打着打着，沙漠裏突然間狂風大起，飛沙走石，讓所有人都睜不開眼，衞青趁機又派出兩支騎兵部隊，從左右兩翼包抄伊稚斜單于。在風沙中打了一陣子，匈奴人越打越少，伊稚斜單于知道這回輸定了，看看天黑下來了，趕緊趁着夜色和風沙逃掉了。

這時候，另一邊的霍去病也傳來捷報：他又是長途奔襲，大敗匈奴左賢王，殲滅七萬多名匈奴人。霍去病還在狼居胥山（今蒙古國首都烏蘭巴托市附近的肯特山）舉行了隆重的封禪儀式。大漢王朝的國威至此達到頂峯，匈奴人很長時間內都不敢再南下了，衞青、霍去病也成為漢朝乃至整個中國歷史上的名將。

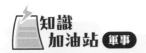

漢軍已用上鐵兵器，穿上鐵甲

　　漢代的冶鐵技術有了很大發展，鐵兵器、鐵盔甲變得很常見，所以漢代騎兵多了一樣兵器——環首刀。它的外形就像劍一樣筆直，但只有一面開鋒，刀尾上連着一個小鐵環。打仗時，騎兵們可以把這種刀握在手裏，從馬背上當頭劈下來，威力比青銅劍大得多。漢軍也穿上了鐵甲，河北的中山靖王墓就出土過全套的鐵甲。

飛將軍李廣

命運最坎坷的名將世家

　　西漢時期的大將李廣是一個悲劇英雄，我們看他的一生，肯定會發出「他怎麼這麼倒霉啊」的感慨。不僅是他，他的整個家族也是這樣。

　　李廣長得又高又壯，還是著名的神箭手。相傳有一次他外出打獵，看到草叢裏臥着一隻大老虎，隨從個個都緊張得不得了，李廣卻一點也不害怕，張弓搭箭，「嗖」地一箭射中了老虎。大家小心翼翼湊過去，到前面一看，全都大吃一驚：原來那不是老虎，而是一塊大石頭，李廣的箭竟然射進了石頭！這個故事要是真的，大家想想，李廣的力氣有多大？

　　因為騎馬射箭都很擅長，李廣參軍後殺傷了好多匈奴人，立下很多軍功，還在邊疆的很多郡當過太守，大家給他起了個外號叫「飛將軍」。很多匈奴人一聽說李廣在，都不敢過來騷擾了，那感覺就像學校裏某位老師最嚴厲，所有的學生都不敢在他的課上淘氣一樣。

　　李廣為官也很清廉，有賞賜就分給部下，當了四十多年的大將，家裏卻沒甚麼多餘的財產。在軍隊裏，李廣平時經常和士兵們一起吃飯。行軍途中要是遇上水源，如果士兵們沒有都喝到水，他肯定不先喝；如果士兵們沒有都吃上飯，他也不先吃。士兵們因此特別愛戴他。

　　有一次，李廣出雁門關進攻匈奴，結果匈奴兵力太多，不僅打敗了他的軍隊，還生擒了他。大家大概覺得，李廣這回完了吧？可他還真有辦法，他假裝受傷昏迷，匈奴人讓他躺在網兜裏，用兩匹馬拖着走。這時候，李廣看到旁邊一個匈奴少年騎着一匹好馬，馬上有了主意。他趁少年沒防備，突然用力掙開網兜，跳上少年的馬，奪了他的弓箭，把他推下去，然後策馬狂奔。匈奴人一看李廣逃跑了，趕緊在後面追。李廣一邊逃跑一邊轉身射箭，接連射死好幾個敵人，終於逃了回來。

李廣能力強、名氣大，官當得也不小，所以他一直有個封侯的夢想。漢武帝和匈奴開戰的時候，李廣覺得自己肯定能立戰功，封侯根本不是甚麼難事。可是沒想到，漢朝與匈奴打了好幾次大戰，李廣的表現都不好，要麼打了敗仗，要麼表現平平，總是不能像衛青、霍去病那樣打一場漂亮的勝仗。很多能力、名氣都不如李廣的人卻早早就封了侯，他們當中還有

不少是李廣的老部下，可李廣自己總是難以封侯。李廣一直很鬱悶，感歎說：「這麼多年，大大小小的戰鬥我沒一次不參加，我李廣不比他們差，卻至今沒一點功勞，難道我命該如此？」

其實，這不是李廣命不好，而是漢武帝太偏心。他最喜歡的將領還是衞青和霍去病，每次和匈奴開戰，漢武帝都以衞青、霍去病的軍隊作為戰鬥的主力軍，其他將軍則經常被派去做誘餌，牽制匈奴的主力，李廣就是這樣一次次被當成了棋子。

最後一次「漠北之戰」，李廣年紀已經很大了，他覺得這一戰是自己建立軍功的最後機會，所以堅決要求當主力前鋒，親自追擊單于。可是漢武帝已經暗地裏命令衞青不要同意李廣的請求，衞青只能讓李廣繼續當助攻。李廣眼看自己再也沒有立功的希望了，既憤怒又傷心，只好就這麼帶兵出發，途中又迷了路。偏偏這一戰漢軍取得了最輝煌的勝利，李廣心裏就好像刀割一樣難受。

按照軍法，李廣迷了路必須接受審問，說清楚自己為甚麼迷路。李廣卻懶得再為自己辯解了：為甚麼迷路？為甚麼迷路你衞青不清楚？就給我這麼點兵，讓我走這麼難走的路，即使不迷路我也打不贏啊！你這就是成心不讓我立功吧！

他想起這麼多年的不如意，更加心灰意冷，覺得活着也沒甚麼意思了：「我從成年起，和匈奴打過大大小小七十多場仗，還是封不了侯，難道不是天意嗎？我都六十多歲了，不想再被小吏們盤問，受他們的侮辱。」說完就拔刀自刎了。他手下的將士都痛哭不已，百姓們也有很多人為李廣惋惜落淚。

李廣死後，他的兒子李敢、孫子李陵的人生也都很悲慘。李敢因為父親之死和衞青有關，於是非常恨他，有一次打傷了衞青。衞青為李敢考慮，把這事瞞了下來，沒告訴漢武帝。可這事卻讓霍去病知道了，他為舅舅抱不平，找個機會射死了李敢。漢武帝那時候對霍去病非常偏愛，對外只說李敢是被鹿撞死的。

而李廣的孫子李陵，又重複了爺爺的悲劇。他帶着五千人出發，去牽制匈奴主力，卻被匈奴的八萬大軍包圍，五千人射光了所有的箭，士兵們

戰死了一大半，糧食也斷絕了，就這樣仍然堅持了八天，殲滅了上萬匈奴人。李陵最後走投無路，不得已向匈奴投降了。後來，漢武帝誤聽傳言說李陵在為匈奴練兵，非常震怒，殺了李陵的全家。從此以後，名聲赫赫的李家逐漸敗落下來，只給後世留下了「李廣難封」的典故。

知識加油站 軍事

弓弩對漢軍有多重要？

　　在對戰匈奴的戰場上，漢軍普遍使用弓弩。李陵被俘前，他那支五千人的軍隊，每人配備一百枝箭，總共有五十萬枝箭，結果一天之內就全部射完了。當時的漢軍還有專門的弩兵，叫「蹶（juě，粵音缺）張士」，軍官叫「材官蹶張」、「蹶張司馬」、「強弩將軍」等。每年九月，軍中都要舉行「都射」，一人射十二枝箭，中靶六枝合格，超過的受賞，不夠的受罰。

當時的世界

　　公元前 100 年，一個著名人物在羅馬出生，他就是凱撒大帝。凱撒大帝後來是高盧總督，征服了高盧全境（今法國境內），還戰勝過日耳曼人，最後率軍回過頭來佔領羅馬、打敗龐培，成為羅馬的統治者，最後被布魯圖等元老院成員暗殺身亡。之後他的姪子屋大維繼承他的事業，開創了羅馬帝國。公元前 99 年，「浚稽山之戰」中李陵被俘。

蘇武牧羊

十九年一直在放羊

　　前面曾經說到，張騫出使西域被匈奴扣留，前後經歷十三年才回到長安。而今天要說的蘇武，離開家鄉整整十九年，並且十九年一直都生活在冰天雪地裏。

　　蘇武跟張騫一樣，也是漢朝的使者，漢武帝派他出使匈奴。和蘇武一起出使的副手叫張勝，在出使過程中，張勝捲入了匈奴人的一宗謀反事件，行動還失敗了，張勝只好向蘇武坦白。蘇武一聽急壞了，這事他雖然毫不知情，可張勝是自己的手下，出了事自己也有責任；他們倆又都代表漢朝，這樣很可能會讓匈奴和漢朝的關係重新惡化，自己的任務就難以完成了。

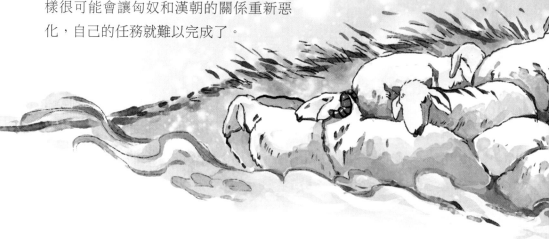

　　這時候，單于派人來審問蘇武。蘇武覺得自己身為漢使，卻被匈奴人審問，會給漢朝抹黑，打算拔劍自殺，結果被匈奴人搶救了過來。單于聽說了這事，挺佩服他的氣節，每天派人詢問他的傷勢。

　　休養了一段時間，蘇武的傷好了，單于又派一個叫衛律的漢人來勸降，衛律嚇唬蘇武：「副使有罪，你也要連坐！」蘇武反駁說：「這密謀我

根本不知情，憑甚麼要連坐？」衛律拔出劍威脅他，劍尖抵到蘇武胸口，
蘇武仍然毫不畏懼，還痛斥衛律身為漢人卻為匈奴做事的可恥行徑。衛律
也不敢真殺掉蘇武，只好灰溜溜地回去，把他的態度報告給單于。

　　單于一聽，反而更想讓蘇武投降了。他把蘇武關起來，不給他吃喝。
那幾天正好下了大雪，蘇武趴在地上，餓了就從氈毯上撕下毛來吃，渴了

就抓一把雪塞進嘴裏，就這樣硬撐了好多天。匈奴人沒想到蘇武的意志這麼頑強，又把他流放到荒無人煙的北海（今俄羅斯貝加爾湖），讓他去放羊。

北海每天都是呼嘯的寒風、紛飛的大雪，眼前是一望無際、驚濤駭浪的北海，到處都是一片白茫茫、灰濛濛。蘇武在這裏繼續艱難求生。匈奴人不給他糧食吃，他就從地上挖掘老鼠貯藏的種子來充飢。和他相伴的只有一羣公羊，匈奴人故意告訴他，只有公羊開始產奶、生下小羊，他才能回中原。這明擺着是在刁難他。

設身處地想一想，假如讓你待在這樣的環境中，你能堅持多久？恐怕早就乖乖投降了吧？可蘇武卻絲毫沒有動搖，他時時刻刻把那根象徵使者身份的「節」帶在身邊，時間長了，節杖上懸的獸毛都掉光了，只剩一根光禿禿的竹竿，但他仍然緊緊將它握在手裏。

後來，漢朝大將李陵在和匈奴作戰時打了敗仗，不得已向匈奴投降了。他之前和蘇武有交情，單于就派他來勸降蘇武。李陵對蘇武說：「您的母親已經去世了，還是我送葬的；您的妻子也改嫁了，剩下的兒女如今也不知死活。我們的人生就像清晨的露水一樣短，何必這麼折磨自己呢？」

蘇武還是毫不動搖：「只要能報效國家，就算被處死，我也心甘情願。您如果一定要我投降，我就死在您面前。」蘇武的一席話讓李陵無言以對，李陵流淚歎息說：「您真是義士，這樣一對比，我的罪過真是比天還高啊！」然後默默告別了蘇武。

蘇武在北海被流放了整整十九年。後來漢武帝去世、漢昭帝即位，匈奴與漢朝的關係也緩和下來，漢朝又派使者來匈奴打聽蘇武的情況。匈奴人騙漢朝使者說，蘇武早就死了。幸好蘇武的一個部下找到機會，偷偷見到了漢朝使者，把真相告訴了他，漢朝使者大吃一驚。為了營救蘇武，兩人一起商量了一個辦法。

第二天，漢朝使者又去見單于，再次提出要見蘇武。單于有些不耐煩：「不是說了嘛，蘇武早死了。」漢朝使者故意說：「不對！我們的皇帝在林子裏打獵，射下一隻大雁，腳上繫着一封書信，上面說蘇武就在一

處湖邊。」單于這下吃驚不小，只好承認蘇武還活着，讓漢朝使者去接蘇武。

蘇武就這樣回到了日思夜想的長安。十九年前離開長安時，他還是個精壯的漢子，如今頭髮鬍子全都白了。漢昭帝也很敬佩他的事跡，重重地賞賜了他。

這就是「蘇武牧羊」的故事。

「節」到底是甚麼？

「節」是當時表明使者身份的一根手杖，用竹子製成，它的名字正來自一根根竹節，「使節」這個詞也從這裏而來。手杖頂端掛着毛茸茸的氂（lí，粵音璃）牛尾巴，叫「旄（máo，粵音模）」。蘇武的那根節杖就是因為用了太久，氂牛尾巴上的毛全都掉光了。

當時的世界

公元前100年，蘇武被扣押。那一年的羅馬，馬略第六次當選為執政官，他之前因率領羅馬軍隊多次擊敗日耳曼人入侵，幾次被選為執政官。這次當選後，他又和薩圖爾尼努斯、格拉古共同對軍隊進行改革。

司馬遷寫《史記》

坎坷的寫史之路 ·········

　　大家應該常聽到一句話：中國是歷史悠久的文明古國。不過大家有沒有想過，中國這幾千年的歷史，是怎樣流傳下來的？

這得感謝古代那些歷史學家們，他們把各個朝代的人和事記錄下來，寫成了一部部史書，才讓我們這些後人知道以前曾經發生過甚麼。這些歷史學家當中，最偉大的就是司馬遷，他的《史記》記錄了中國從傳說中的黃帝到漢武帝時約三千年的歷史。

司馬遷的父親叫司馬談，是漢武帝時期的史官，他一直想寫一部史書，但始終沒來得及動筆。在父親的影響下，司馬遷從小就喜歡歷史，而且他不是只知埋頭死讀書的書呆子，為了增長見識，他遊歷過許多地方。

他曾經跑到江南的會稽山，去探訪大禹的陵墓；去湖南的九嶷山，坐船在沅水、湘水一帶憑吊屈原；又前往齊魯地區，在那裏學習儒學，了解孔子給當地帶來的影響。後來他還因為公事去過巴蜀、雲南等地區。這些豐富的經歷，為司馬遷日後的寫作打下了非常扎實的基礎。

後來有一次，漢武帝要在泰山舉行封禪典禮，這是當時的一件大事，大臣們誰能參加封禪典禮，就是極大的榮耀。偏偏漢武帝沒讓司馬談參加典禮，這讓他鬱悶得生了重病，很快就不行了。

臨終前，司馬談握着兒子的手交代後事，哭着說：「我們家的先祖在周朝就是太史了，後來衰落下來，現在我又沒法參加封禪典禮。這是命啊，命啊！我死了以後，你一定要接着做太史，也不要忘了替我寫完那部史書啊！」司馬遷也哭着向父親保證，一定完成他這個心願。

司馬談去世三年後，司馬遷繼承了太史令這個職位，開始編寫這部史書。在司馬氏父子之前，孔子編寫的《春秋》是最有影響的史書。孔子去世後，天下進入戰國時代，各國的史書很不全面，記載也很混亂，秦始皇更是燒了很多史書。這導致直到漢武帝時期，天下都沒有一部完整的史書。司馬遷決心改變這種局面。

可是，這部史書沒寫多久，司馬遷就遭遇了不幸。當時大將李陵打了敗仗，不得已向匈奴投降。消息傳到長安，漢武帝極為震怒。司馬遷和李

陵關係很好，也知道他的人品，認為他的投降另有原因，便替李陵申辯了幾句。沒想到漢武帝把一肚子火發到司馬遷頭上，打算處死他；司馬遷為了活下來繼續編寫史書，主動選擇了宮刑（即被閹割的刑罰）。按照當時的法律，犯人選擇宮刑，是可以免於一死的。

遭受宮刑對司馬遷來說，無疑是一種巨大的恥辱，他雖然活了下來，卻比死了還難受。這時候，歷史上的那些偉大人物激勵了他：周文王被囚禁在羑（yǒu，粵音友）里（今河南省安陽市），推演出《周易》；孔子曾在陳蔡被圍困，回到魯國後編寫了《春秋》；屈原被流放汨羅江，寫了《離騷》；左丘明雙目失明，編出了《國語》……這些人都是遭遇了人生的不幸後發憤著書，最終名垂青史，司馬遷一直以他們為榜樣。他想，自己為甚麼不能像這些偉大的人物那樣？就算自己要死，也要先寫下他們的故事，讓後人都記住他們的事跡。他還給朋友任安寫了一封信，信裏面說：「人固有一死，或重於泰山，或輕於鴻毛，這都是因為支撐他們活着的信念不一樣。我是為了完成這部書，才忍受了最殘酷的刑罰。」

從此，司馬遷忍辱負重，更加努力地寫作。他前後用了十四年的時間，才終於完成了這部史書，後來人們叫它《史記》。這是中國歷史上第一部紀傳體通史，如果想了解中國歷史，《史記》是必讀的一部書。

知識加油站 制度

年號

中國古代人用皇帝的年號紀年，皇帝登基或者遇到重大事件，往往會起一個「年號」來表示新時代的開啟。這項制度是由漢武帝創立的，他在位第十九年，有一次打獵時，捉到一隻神獸，大臣認為這是吉祥的象徵，值得紀念，於是漢武帝便創立了第一個年號「元狩」，那一年就是元狩元年。隨後他又追元狩以前的年號為「建元」、「元光」、「元朔」。從此以後，帝王都延續了這項制度。

《史記》都講了甚麼？

《史記》記錄了從上古黃帝時期到漢武帝時期長達三千多年的中國歷史，它分為「本紀」、「世家」、「列傳」、「表」、「書」等多種體例。

「本紀」記載了歷代統治者的生平、王朝的更替；

「世家」記載了王侯們的家族傳承；

「列傳」記載其他重要的歷史人物；

「表」用表格來簡列世系、人物和史事；

「書」則記述社會制度、社會生活、經濟地理等方面的內容。

之前的《春秋》、《左傳》等史書都是「編年體」，也就是按時間順序，記錄每年天下都發生了甚麼大事。《史記》卻是以人物傳記為核心，每篇文章記錄歷史人物的一生，所以讀起來更精彩，這叫「紀傳體」。在歷朝歷代的史書當中，《史記》的文學性是最高的，魯迅就稱讚它為「史家之絕唱，無韻之《離騷》」。

當時的世界

據專家考證，《史記》成書時間在公元前 91 年。此時的羅馬有一個八歲男孩，日後創作出了重要的歷史著作——《高盧戰記》。這個男孩就是後來的凱撒大帝。

漢武帝輪台悔過

沒想到，皇帝終於認錯了 ·············

　　人都有犯錯誤的時候，當別人指出你的錯誤時，你會怎麼做？是虛心接受、趕緊改正，還是拒不承認、嘴硬到底？要是拒不悔改可就麻煩了，錯誤只會越來越嚴重。晚年的漢武帝正是這樣。

　　前面講過，漢武帝在位時清除了匈奴多年的威脅，漢朝的國力達到了頂峯。漢武帝因此覺得自己很了不起，像當年的秦始皇一樣，他也慢慢驕傲起來。

漢武帝很喜歡駿馬，他聽説西域的大宛（yuān，粵音冤）國有一種千里馬，流出的汗都是鮮紅色的，看着好像血一樣，所以也叫汗血馬。於是，他派使者前往大宛國，向國王獻上一匹黃金鑄成的馬，表示想用它來換汗血寶馬。沒想到大宛國王根本不吃這套，張嘴就拒絕了。漢朝使者的脾氣也挺大，當場就用鐵椎砸碎了那匹黃金馬，掉頭就走。大宛國王很生氣：你也太狂了！於是把漢朝的使者全殺了。

消息傳到長安，漢武帝暴跳如雷，馬上決定進攻大宛國。這時候名將衞青、霍去病都已經去世了，漢武帝決定派大將李廣利領兵。他一宣佈這個決定，很多大臣就覺得不靠譜。一來大宛國實在離漢朝太遠了，行軍非常艱苦。二來李廣利這個人也不讓人放心，他之前沒怎麼打過仗，漢武帝因為寵愛他的妹妹李夫人，才提拔他當將軍。可畢竟之前有衞青的成功例子，所以誰也不敢多説甚麼。

漢武帝本來以為李廣利就是第二個衞青，沒想到他這回看走眼了。李廣利率領着大軍向西進發，一路上盡是大沙漠，沒水沒糧草，有不少士兵餓死病死了，偏偏途經的那些小國又都怕被漢軍順手打下來，一個個都城門緊閉，不肯給漢軍供應吃喝。最後他們好不容易來到大宛邊境的一座城，將士們勉強攻了幾次城，結果死傷非常多，根本打不下來。

李廣利和其他將軍們商量：這麼一座城都打不下來，更何況大宛國的都城呢？還是撤吧！便灰溜溜地撤兵了。等他們回到敦煌，出征的漢軍只剩十分之一了。漢武帝聽說後十分生氣，派出使者把李廣利臭罵一頓，不許他們回長安，只許他們留在玉門關外；然後又從國內徵調了大批士兵和糧草交給李廣利，讓他繼續打大宛。

這時候的漢武帝，已經不是當年打匈奴時的漢武帝了，他派兵打大宛既不是為了保衛國家，也不是為了百姓的生活，只是為了自己的面子。他年紀越大，反而越像個孩子，犯了錯不是趕快改正，而是繼續賭氣。

李廣利硬着頭皮又一次出征。他總算也有些軍事才幹，這回終於拿下了大宛國。漢武帝得到了汗血寶馬，李廣利也被封了個海西侯，可是將士們死傷了一大半，消耗的糧草、錢財更是不計其數。

接下來的幾年，漢武帝又派李廣利去打匈奴。可李廣利終究不是衛青、霍去病，他有時候能打勝仗，但也經常打敗仗。最後一次出征，李廣利又打了敗仗，聽說漢武帝已經向自己的家人問罪，他怕得不行，乾脆向匈奴投降了。

偏偏在這個節骨眼上，長安又爆發了一場「巫蠱之禍」。當時人們有一種迷信：如果把木頭刻成小人，在上面寫上某個人的名字，再埋到地下，那個人就會生重病。漢武帝年紀大了，非常多疑，有一次夢見很多木頭人在打他，懷疑宮中有人用這種方式詛咒自己，就派大臣江充調查這事。江充這人心術不正，曾冤枉過很多人。他又得罪過太子劉據，這回趁機誣陷劉據，抓捕、殺害了一大批無辜的人。

太子劉據不肯等死，趕緊召集兵馬自衛，搶先殺死了江充。這下反而更讓漢武帝覺得兒子想要造反，奪取皇位，於是調集了兵馬去鎮壓。父子雙方的人馬在長安城裏互相打了好幾天，死了幾萬人，最後劉據兵敗逃亡，自殺而死。他的母親正是當年很受漢武帝寵愛的皇后衛子夫，大將軍衛青的姐姐。衛子夫很清楚，漢武帝翻起臉來誰都不認識，於是也在絕望中自殺了。

一連串的折騰讓整個國家元氣大傷，連年戰爭也消耗光了當年漢文帝、漢景帝積累了幾十年的財富。漢武帝為了籌集軍費，還想盡辦法搜刮

百姓的財富，導致百姓日子過得非常艱苦。

此時漢武帝才清醒過來，意識到都是自己的錯，不得已下了一道「罪己詔」，承認自己的統治出現了嚴重失誤。這道詔書被稱為《輪台詔》。

《輪台詔》下達之後沒多久，漢武帝身體就不行了。臨終前，他把皇位傳給了只有八歲的小兒子劉弗陵，這就是漢昭帝。

西漢最強盛的一段時期，就此結束了。

朝廷統一鑄造五銖錢

　　西漢初期，朝廷允許民間私鑄銅錢，導致各種大小、各種重量的銅錢亂用一通，有人故意把大錢剪小，剪下的銅碎湊多了又能多鑄一枚銅錢。後來漢武帝禁止各諸侯國和民間私自鑄錢，統一由朝廷鑄造發行貨幣，錢幣重量也統一為五銖。五銖錢一直沿用到唐代初年。

當時的世界

　　公元前 89 年，漢武帝下達《輪台詔》。羅馬人佔領了龐貝城。這座古城非常有名，公元 79 年 8 月 24 日，維蘇威火山爆發，火山灰埋葬了整座城市，但這也使龐貝古城完整地保留了下來。後來考古學家在這裏發現了神廟、大會堂、浴場、商場、劇場、體育館、鬥獸場、引水道等各種建築。

被廢的海昏侯
廿七天，千件壞事的紀錄

　　大概每個人都做過荒唐事，只要沒惹出麻煩，倒也沒關係。可如果皇帝也這樣就麻煩了，前面講過的秦二世胡亥就是個例子。西漢時期也有一位皇帝，和胡亥有點像，好在他在位沒多久就被趕下台了，這位皇帝叫劉賀。

　　漢武帝臨死的時候，他的兒子劉弗陵只有八歲，很多事都不懂，漢武帝安排了五位大臣一起輔佐他，為首的是霍去病的弟弟霍光。霍光減輕賦稅徭役、救濟貧民、減少刑罰，讓國力恢復了不少。後來，劉弗陵很年輕就去世了，沒留下兒子，霍光決定從諸侯王裏面選一個當皇帝。選來選去，他決定讓昌邑王劉賀繼位。

　　不少大臣都反對霍光的這個決定。據說劉賀長得很醜，黑皮膚、小眼睛、尖鼻子，腦子還有點問題，品行更是差勁，只知道吃喝玩樂。劉賀的下屬們苦口婆心地勸他，有的甚至跪在地上哭，劉賀要麼就是堵着耳朵不聽，要麼就是滿口答應、堅決不改。大臣們都覺得，劉賀當個諸侯王都這個德行，真當了皇帝還了得？可霍光為了自己繼續把持朝政，堅持自己的意見。霍光權力很大，誰也拗不過他，最後他一意孤行，硬是把劉賀立成了新皇帝。

　　以劉弗陵的名義發出詔書送到劉賀那裏時，剛好是半夜。劉賀打着哈欠穿衣服起床，才知道自己要當皇帝了，樂得一蹦三尺高：原來這世上還

真有天上掉餡餅的好事啊！第二天他就趕緊帶着隨從趕往長安。

　　剛到長安，劉賀就惹來不少大臣的不滿。當時劉弗陵的喪期還沒結束，大臣提醒他：「您這是奔喪，按照禮節，到長安城門外的時候，您得哭一下表示很傷心。」劉賀連樣子都懶得裝，大大咧咧地回答：「我嗓子疼，哭不出來啊。」大臣從沒見過這樣不講禮儀的人，被噎得乾瞪眼說不出話來。

接下來一些天，劉賀做出了各種奇葩荒唐的事。按規矩，皇帝的玉璽得由專門的官員保管。劉賀不管不顧，在漢昭帝的靈柩前接過玉璽之後，整天佩帶在自己身上。服喪期間本來必須吃素，也不許娛樂，劉賀卻讓手下悄悄買來雞肉、豬肉，和他們大吃大喝，一個個吃得滿嘴流油，打嗝都帶着酒味。漢昭帝的靈柩還停放在宮殿裏，劉賀就叫人從樂府取了不少樂器，把帶來的樂工召進宮裏，整天叮叮咣咣地奏樂唱歌。他自己還駕着車在園林裏到處遊逛打獵，又跑去找漢昭帝留下的那些嬪妃，和她們飲酒作樂。

短短二十七天，劉賀就發佈了一千多道命令，平均下來一天得發佈四十多道命令，內容就好像小孩惡作劇一樣。比如有一道發給手下的命令是：「朕准許你娶十個老婆，再賜給你一千斤黃金！立刻賞賜！」

劉賀把整個皇宮折騰得烏煙瘴氣，大臣們提起他個個頭疼。很快，連霍光都受不了劉賀的胡鬧了，他終於決定廢掉這個皇帝。這天他請來了皇太后，又派士兵封鎖了所有的宮門，把劉賀帶來的所有手下都擋在門外抓了起來。丞相楊敞向劉賀宣讀了大臣們聯名寫的奏章，揭露他做皇帝這些天做的壞事，最後由皇太后下令，廢黜劉賀。

不過，據說霍光逼劉賀接受皇太后詔書的時候，劉賀居然說了句很有水平的話：皇帝再無道，身邊要是能有幾個忠臣進諫，也不至於失去天下。這是《孝經》裏邊的句子，劉賀用在這裏，其實是在暗指霍光不是忠臣。霍光氣壞了，讓手下把劉賀身上的玉璽摘下來，把他趕回了昌邑。

正因為劉賀留下了這句話，有歷史學家認為，他也不見得真的一無是處。再說，史書說他在位二十七天，卻做了一千多件壞事，這也太誇張了，就算一天到晚拚命做壞事，他也做不過來。劉賀這麼快就被廢掉，真正原因很可能是他不甘心當個擺設，試圖從霍光手中奪權。霍光發現劉賀並不像自己以為的那樣聽話，於是廢掉了他，又命史官在史書上拚命抹黑他。

劉賀重新回到了昌邑國，沒過多久，這個封國就被廢掉，他被改封為海昏侯。2011 年，考古學家們在江西南昌發現了海昏侯墓，並從一枚玉印上發現了劉賀的名字，由此確定，這裏就是他的墓葬。

海昏侯墓裏都有甚麼？

　　海昏侯墓的發掘是一件大事，這裏出土了一萬多件文物，包括大量馬蹄金、麟趾金、金餅等金子，還有十幾噸重、近四百萬枚五銖錢。不過最重要的是簡牘，這裏出土了寫有《論語》的竹簡，還有繪着孔子畫像的漆屏風，上面寫有關於孔子生平的文字。

當時的世界

　　公元前 74 年，劉賀登上皇位。公元前 73 年，羅馬爆發了著名的「斯巴達克斯起義」。起義領袖斯巴達克斯原本是一名角鬥士。角鬥表演是當時羅馬的一項野蠻風俗，角鬥士被逼互相廝殺或者與野獸搏鬥，以此讓觀眾開心。斯巴達克斯不願死在角鬥場上，於是率領許多同伴，跑到維蘇威火山上反抗羅馬統治。他們多次戰勝了羅馬軍隊，但最後被克拉蘇統領的大軍鎮壓，斯巴達克斯也壯烈犧牲。

昭君出塞

嫁到匈奴的和平使者 ·

　　中國古代形容美女有一句話：沉魚落雁，閉月羞花。其中「落雁」這個典故，就來自漢朝的王昭君。

　　王昭君生活在漢元帝時期。當時匈奴的呼韓邪（yé，粵音耶）單于向漢元帝提出請求，希望娶一位漢朝公主為妻。大家可能會納悶，之前打不過匈奴的時候，才把公主送過去和親，漢武帝明明把匈奴打敗了，怎麼又要和親？其實，這時候已經是漢朝強、匈奴弱了，漢朝答應和親是友好的表示，有利於雙方和平共處，所以漢元帝很痛快地答應了。

不過還有個問題：派誰去和親呢？之前每次和親，漢朝皇帝都捨不得自己的親生女兒，經常是從宮裏選一個宮女，把她認作乾女兒，封為公主，再打着公主的旗號嫁過去。這次漢元帝還是下令從宮女裏面挑選，最後選出了五位宮女，其中就有王昭君。

　　王昭君當時進宮已經有好幾年，但是始終沒得到漢元帝的寵幸，漢元帝連見都沒見過她。後來就有了一個傳說：當時的宮廷畫師毛延壽要給每一位宮女畫像，然後交給皇帝看，皇帝中意的就寵幸。於是很多宮女爭相賄賂毛延壽，請他把自己畫得更美些，就好像現在電話拍照要加濾鏡、美顏功能一樣。

王昭君卻和別的宮女不一樣，她本來長得很美，但性格很耿直，不肯行賄。毛延壽就故意把王昭君畫得很一般，導致她沒被選為妃子。後來漢元帝宣佈要選宮女嫁到匈奴，別的宮女都覺得這是個苦差事，躲還來不及呢，而王昭君卻覺得，自己在宮中這樣過一輩子也挺沒意思的，於是主動申請遠嫁匈奴，結果很容易就被選上了。

嫁給單于的人選確定了，漢元帝挺高興，在宮裏舉辦宴會，席間把王昭君叫出來給呼韓邪單于看，結果沒想到，王昭君一亮相，呼韓邪單于看呆了，漢元帝也看呆了。呼韓邪單于沒想到皇帝這麼夠意思，把這樣一個絕世美人嫁給自己；漢元帝則沒想到宮裏還有這樣的美人，自己居然從來不知道！

漢元帝一時間很想把王昭君留下來，可自己早就答應了呼韓邪單于，皇帝說的話是不能反悔的，於是只好眼睜睜看着王昭君離開長安，然後轉頭就下令調查這事。很快他就查出是毛延壽搞的鬼，咬牙切齒地把他治了罪。

王昭君跟着匈奴人北上，一路上人煙逐漸稀少，越走越荒涼。她抬頭看看天空，一羣大雁正排成「人」字形向南飛去，牠們是到溫暖的中原去躲避寒冬的，而自己卻剛好相反，從此要在那人生地不熟的大草原上過一輩子。可以想像一下，如果讓你現在就離開父母，獨自一個人跑到一個陌生的地方，從此永遠也回不了家，那是甚麼感受？王昭君就是這樣的命運。

相傳王昭君會彈琵琶，這時候她一邊騎馬，一邊在馬背上彈了一支曲子。曲調極為淒婉動人，連天上南飛的大雁聽到悅耳的琴音，看到騎在馬上的美麗女子，都忘了擺動翅膀，紛紛跌落下來。這就是「落雁」的傳說。

王昭君嫁給呼韓邪單于，被封為寧胡閼（yān，粵音煙）氏。當時中原人也把匈奴人稱為「胡人」，「寧胡」就是「讓胡地安寧」的意思。她和呼韓邪單于共同生活了三年，生下一個兒子。後來呼韓邪單于去世，按照匈奴人的習俗，她又需要改嫁給呼韓邪單于的長子。

對漢人來說，這種習俗很難接受，王昭君便給漢成帝寫信，希望

能回到漢朝。可是漢成帝考慮到漢朝與匈奴的關係，還是要求她繼續留在匈奴，並且遵從匈奴人的習俗。於是王昭君又嫁給了呼韓邪單于的長子——復株絫（lěi，粵音呂）單于。兩人一起生活了十一年，王昭君又生下了兩個女兒。

後來王昭君再沒有回到中原，死後也葬在了匈奴。相傳當地的草都是白色的，只有昭君墓上的草是翠綠的，所以她的墓也被稱為「青冢」。至今，內蒙古的呼和浩特市南郊還保留着她的墓，當地還特意建了一座博物館，紀念這位為民族和睦做出重大貢獻的女子。

杜甫詩中的王昭君

後世流傳了很多關於王昭君的詩句，其中最有名的要數大詩人杜甫在昭君村寫下的《詠懷古跡》之三：「羣山萬壑（hè，粵音確）赴荊門，生長明妃尚有村。一去紫台連朔漠，獨留青冢向黃昏。畫圖省識春風面，環佩空歸月夜魂。千載琵琶作胡語，分明怨恨曲中論。」杜甫在詩中藉王昭君出塞的故事，來抒發自己得不到賞識的怨恨和愛國之情。

當時的世界

公元前33年，「昭君出塞」。公元前32年，羅馬凱撒大帝的養子屋大維向統治羅馬東部的安東尼宣戰，後來在希臘西岸的阿克提烏姆灣，打敗了安東尼。

王莽篡漢

靠「演戲」當了皇帝 ·······················

　　演員能靠着演技，在舞台和螢幕上演出一個個和自己完全不一樣的角色。可大家有沒有在生活中遇到過會演戲的人？他們對着別人是一個樣子，背着別人又是另一個樣子。西漢的王莽就是這種人，他靠着「演戲」，最後居然當上了皇帝。

　　西漢王朝後期，接連好幾任皇帝即位時年齡都很小，朝政大權落到了太后王政君手裏。王莽就是王政君的姪子。當時，王政君提拔了許多娘家人，王氏在朝廷裏權傾一時。

　　王莽的那些叔叔、伯伯、兄弟，一個個位高權重，生活也很奢侈糜爛，整天吃喝玩樂，互相攀比誰的車馬更高大、誰家的歌姬更漂亮。只有王莽是個例外，他父親去世早，家裏也沒人封侯，日子過得很簡樸。他平時學習非常努力，結交了很多有才能的朋友，對各位長輩都彬彬有禮，尤其是對待伯父王鳳。有一次王鳳得了重病，王莽一直守在旁邊照料他，連着好幾個月不梳頭、不洗臉、不脫衣服睡覺，甚至還替他嘗藥，把王鳳感動壞了。王鳳當時是大將軍，權力很大，他臨終前把王莽推薦給太后王政君，王莽從此在朝廷裏當上了官。

　　當官後，王莽的生活仍然很簡樸，他經常把自己的俸祿分給門客和平民，甚至賣掉馬車接濟窮人。有一次他母親生了病，許多大臣都派自己的夫人去看望，這時候一個女人出來迎接她們，她穿着傭人的服飾，圍着粗布做的圍裙。客人們起初以為她是傭人，一問才知道是王莽的夫人，大家全都驚呆了。還有一次，王莽的兒子殺死了家奴，王莽嚴厲地懲罰了他，甚至逼兒子自殺以謝罪。

　　看到這裏，大家大概都會覺得王莽是一個好人。當時所有人也都這麼覺得，上至朝廷裏的文臣武將，下到鄉野的百姓，好多人提到王莽都讚不絕口，他也因此不斷升官。

其實，王莽把所有人都騙了。他這樣做就是為了升官。他平時是很簡樸，可是每到撈好處的時候，也一點都不含糊。他見了人總是不苟言笑，滿嘴都是冠冕堂皇的大話，可是只要暗示一下，黨羽們就會按他的意思紛紛上書，請求給他升官，然後王莽每次都推辭説自己不配，又是跪拜又是大哭。這樣的戲既是演給皇太后看，也是演給百姓看，可最後還是該升官升官，該晉爵晉爵，甚麼都不耽誤。

王莽對反對者更是毫不手軟。有一次他想當大司馬，有兩位大臣反對，王莽後來就把他們倆都免了職，還把一大串相關的官員全都罷官奪爵，又在各個部門安插了自己的黨羽。

就這樣靠演戲過了二十多年，王莽步步高升。他的女兒嫁給了漢平帝做皇后，自己又被封為「安漢公」。還有八千多名百姓聯名上書，把他吹捧成商朝的伊尹、周朝的周公兩位賢相，王莽於是又有了「宰衡」的稱號。

沒過幾年，王莽用毒酒毒死了漢平帝，故意從皇室中選了只有兩歲的劉嬰為太子。那些手下早就明白他的心思，不用他吭聲，紛紛上報各種「吉兆」，也就是「祥瑞」。據説一個縣令挖井時挖出一塊上圓下方的白石頭，上面寫着八個紅字：告安漢公莽為皇帝，也就是「安漢公王莽應該當皇帝」的意思。大家肯定都明白，這其實就是他的手下自己寫上去的，為了給王莽當皇帝造聲勢。

王莽指使手下把這事報告給王政君。老太太雖然重用娘家人，但從沒想過讓王氏取代劉氏當皇帝，她一聽這消息就急了：「你這不明擺着騙人嗎？説出去誰信啊？我不同意！」王莽的兄弟王舜卻逼迫老太太説：「事情都這樣了，您已經阻止不了了，還能怎麼着？再説王莽不是有野心，就是想要個名分，讓天下人都服自己罷了。」

老太太心説我還沒老糊塗，你騙鬼呢？可也確實無可奈何，滿朝大臣都是王莽的人，自己就是個蓋章機器，她只能下詔書讓王莽代理天子處理朝政，號稱「假皇帝」，「假」在這裏是「代理」的意思，「假皇帝」就是説王莽是「代理皇帝」，所以百姓們也稱他為「攝皇帝」。

到了這一步，所有人都看出王莽的真實意圖了。很多忠於漢室的官

員紛紛辭官，表示不願意為王莽做事，各地的劉氏宗室更是先後起兵反對王莽，可他們實力不夠，都被王莽鎮壓了下去。而各地的「祥瑞」越來越多，王莽那些手下爭先恐後地為他造輿論，就等着王莽稱帝，自己跟着升官發財。

其中有一個叫哀章的人，特意做了一個銅櫃，裏面裝了兩卷書簡，上面大概意思是說，漢朝的開國皇帝劉邦把天下傳給了王莽。他還在書簡上寫了好幾個王莽手下的名字，意思是王莽當了皇帝，這些手下都要跟着當大官，他自己的名字當然也在上面。然後哀章把這個銅櫃獻給了王莽。

儘管這套鬼把戲誰也不信，王莽卻裝模作樣跑到宗廟裏接受這個銅櫃，又下詔書說：「我本來德行淺薄，可現在上天非讓我當皇帝，連當年的漢高祖都要把皇位傳給我，我不敢接受也不行啊。」

王莽就這樣在「天意」、「民意」的支持下廢掉了劉嬰這個太子。正好這時候沒有皇帝，王莽乾脆自己當了皇帝，把國號從「漢」改成了「新」。

大家或許會想，不管王莽怎麼騙人，可他只要當個好皇帝，為百姓着想，不也行嗎？可問題恰恰出在這裏，王莽登基之後，很快就天下大亂了。

史書裏的預言為甚麼那麼準？

史書上經常會記載一些預言，比如秦朝末年那句著名的「亡秦必楚」，最後也確實是楚人劉邦、項羽滅了秦朝；又比如「東南有天子氣」，後來的江南地區果然出現了好幾個政權：孫吳、東晉，還有南朝。這些讓我們覺得特別神奇，好像當時真有人能預知未來一樣。

其實這些預言都是編出來的，一般有兩種情況：一種是後人編造，然後假裝是當時的預言；另一種就是同時編出無數條預言，比如「亡秦必楚」，人們完全可以再編出「亡秦必趙」、「亡秦必齊」、「亡秦必燕」等預言，最後哪條應驗了，哪條就流傳下來了。

王莽改制

折騰全天下的改名狂人 · · · · · · · · · · · · · · · ·

　　當上皇帝後，王莽開始着手實現自己多年來的夢想。他年輕時就熱愛儒學，滿腦子都是夏商周時期的各種「王道仁政」，如今手中有了至高無上的權力，當然要好好做一番改革。

　　客觀地説，這時候的朝政也確實非改不可了。西漢後期，各地的豪強地主從百姓手中兼併了很多土地，許多百姓淪為這些地主的奴隸，朝廷確實需要解決這個問題。可是王莽改革卻完全複製先秦時期的制度，不考慮時代的進步：他重新確立了好幾百年前的井田制，將土地都歸為國有，然後再平均分配給百姓，禁止人們私自買賣奴隸和田地，還將劉弗陵執政時開放的鹽、鐵買賣也重新收歸國有，甚至山林川澤等也都收歸國有。這些改革用意雖然很好，卻完全不符合時代的發展，通通都失敗了。最失敗的是幣制改革。為了復古，王莽一口氣推出了二十八種貨幣，恢復了戰國時期的刀幣、布幣，連上古時代的龜殼、貝殼都重新當成貨幣了。我們不妨想想，要是活在那時候，今天用的是一種貨幣，明天又要改用另一種貨幣，天天改來改去，肯定會讓人暈頭轉向。而且每改一次，貨幣都變小一圈，標價卻越標越高，相當於在搜刮百姓的財富。

　　經濟上這樣改來改去，政治上也是亂改一通。王莽最熱衷改名，他從古書上搜來各種官名、地名，統統替換掉原先的名字，還經常翻來覆去地改。比如他把地位最高的十一位大臣封為「十一公」，又把這些名字改了好幾次，先是叫安新公、就新公、嘉新公、美新公，沒過多久就改成安心公、就心公、嘉心公、美心公，再後來又改成安信公、就信公、嘉信公、美信公⋯⋯

　　改地名就更誇張了。王莽把長樂宮改成常樂室，未央宮改成壽成室，連長安都改成了常安，南陽、河內、穎川、弘農這幾個郡，分別改叫前隊、後隊、左隊、右隊，聽起來好像在做體操。地名裏只要有不吉利的

字，王莽也全都要改掉。比如無錫，他覺得「無」這個字不好，非要改成有錫；另一個地名叫符離，他又覺得「離」不好，改成了符合；其他如把谷遠改成谷近，把東昏改成東明，把無鹽改成有鹽……簡直是在玩反義詞遊戲。

　　和官名一樣，這些地名也是經常變，最多的時候一個郡改五次名字，改來改去最後又改回了原來的名字。下面的官吏們根本記不住這些地名，所以每次王莽下詔書，只能把這些地方用過的名字都列出來做註解，一封短短的詔書，光是地名註解就佔了一小半，白白增加了好多工作量。

　　這樣折騰了幾年，全天下都受不了了。百姓們日子過不下去，官吏們每天抄地名都快抄吐了，不少大臣也被王莽治了罪、丟了官。王莽又興師動眾討伐匈奴和周邊少數民族，各種賦稅、徭役比漢朝還沉重，水、旱、蝗災更是接連不斷，天災人禍一起來。很快，各地都爆發了起義，聲勢非常浩大。

　　王莽這時候卻好像發了神經，各種舉動越來越離譜。他下令從全國選美，最後選出一個十幾歲的女孩當皇后。這時的王莽已經是個六十八歲的老頭了，他結婚的時候特意把滿頭白髮染黑，好讓自己顯得年輕些。

　　由於各地起義軍總愛打着擁護劉氏的旗號，王莽還下令禁用一種叫金刀的錢幣，因為漢代「劉」字由金、刀組成。他還廢除了五銖錢，派人去破壞劉邦的高祖廟，毀掉漢元帝、漢成帝的陵墓，在周圍塗上墨，意思是讓大家別再想念漢朝。王莽讓人用銅和五色藥石鑄成一隻大銅匙羹「威斗」，用來象徵北斗七星，他認為威斗擁有神力，無論去哪都讓人扛着它。王莽還不知從哪本古書中找到記載，說能靠大哭把敵人哭走，於是當敵人打上門的時候，他親自帶着大臣們跑到南郊，一羣人哭得上氣不接下氣，邊哭邊拚命磕頭，都好像死了爸媽一樣。

　　這些手段當然一點用都沒有，起義軍該勝利還是勝利，最後起義軍攻進了長安。城中一些居民趁機在未央宮門前放了一把火，用斧頭劈開宮門，衝進宮裏，嘴裏大喊：「反賊王莽，還不投降！」

　　大火逐漸蔓延到整個皇宮，宮女內侍們有的被殺，有的逃亡，王莽一開始還假裝鎮定，一手握玉璽，一手握匕首，連坐姿都遵照那個威斗斗柄

的指向，嘴裏還唸叨着：「上天給了我德行，漢軍能把我怎麼樣？」可眼看火勢越來越大，他只好又逃向後宮的漸台。起義軍最終還是攻了進去，殺掉了王莽。

王莽建立的新朝只持續了十來年，他也成了這個朝代唯一一位皇帝。很快，另一位劉氏宗室——劉秀恢復了漢朝，史書把這個王朝稱為「東漢」。

世界上最早的滑動卡尺

新朝時期已經出現了滑動卡尺，它叫「新莽銅卡尺」，和現在的游標卡尺已經非常像了。它可以用來測量物品的直徑、深度、長度、寬度等，比用一般的直尺方便、準確許多。

當時的世界

23年，新朝滅亡。24年，大月氏的其中一個翕（xì，粵音泣）侯（類似部族酋長）貴霜翕侯丘就卻滅掉了其他四個翕侯，建立了貴霜國。這標誌着大月氏形成了統一的國家。

責任編輯　潘沛雯
裝幀設計　鄧佩儀
排　　版　陳美連
印　　務　劉漢舉

穿越中國五千年③：秦西漢

歪歪兔童書館 ◎ 著繪

出版｜中華教育

香港北角英皇道 499 號北角工業大廈 1 樓 B 室

電話：(852) 2137 2338　傳真：(852) 2713 8202

電子郵件：info@chunghwabook.com.hk

網址：http://www.chunghwabook.com.hk

發行｜香港聯合書刊物流有限公司

香港新界荃灣德士古道 220-248 號荃灣工業中心 16 樓

電話：(852) 2150 2100　傳真：(852)2407 3062

電子郵件：info@suplogistics.com.hk

印刷｜泰業印刷有限公司

香港新界大埔工業邨大貴街 11 至 13 號

版次｜2024 年 3 月第 1 版第 1 次印刷

©2024 中華教育

規格｜16 開（230mm x 170mm）

ISBN｜978-988-8861-32-3

本書由海豚出版社有限責任公司、北京歪歪兔教育科技有限公司授權中華書局（香港）有限公司以中文繁體版在香港、澳門、台灣使用並出版發行。該版權受法律保護，未經同意，任何機構與個人不得複製、轉載。